青少年心理健康教育

曾 勇 滕兆伟 / 主编

图书在版编目（CIP）数据

青少年心理健康教育 / 曾勇，滕兆伟主编 . -- 北京：中国人口与健康出版社，2025. 2. -- ISBN 978-7-5238-0140-6

Ⅰ. G444

中国国家版本馆 CIP 数据核字第 2025WY9442 号

青少年心理健康教育

QINGSHAONIAN XINLI JIANKANG JIAOYU

曾勇　滕兆伟　主编

责任编辑　江　舒
责任设计　侯　铮
责任印制　王艳如　任伟英
出版发行　中国人口与健康出版社
印　　刷　北京柏力行彩印有限公司
开　　本　710 毫米 ×1000 毫米 1/16
印　　张　11.5
字　　数　186 千字
版　　次　2025 年 2 月第 1 版
印　　次　2025 年 2 月第 1 次印刷
书　　号　ISBN 978-7-5238-0140-6
定　　价　49,80 元

微　信 ID　中国人口与健康出版社
图书订购　中国人口与健康出版社天猫旗舰店
新浪微博　@ 中国人口与健康出版社
电子信箱　rkcbs@126.com
总编室电话　（010）83519392　　发行部电话　（010）83557247
办公室电话　（010）83519400　　网销部电话　（010）83530809
传　　真　（010）83519400
地　　址　北京市海淀区交大东路甲 36 号
邮　　编　100044

编 委 会

主　编　曾　勇　滕兆伟

副主编　张云桥　龙　青

编　委　于　玲　文　佳　方　源　冯瑞彬　邬晓琴
刘乙霖　李玮豪　李昕睿　罗欣宇　罗绕香
秦付怡　徐洋洋　高碧瑶　郭泽一　涂芳珺
曹　翔　曾仕岚　游　旭　颜昌云

前　言

为什么青少年会发生心理危机?

心理危机树理论中有个很生动的比喻，把人比作一棵大树。大树是否能够茁壮成长，要看树根、树干、树叶的生长状态，以及是否有充足的阳光雨露。

阳光雨露就是指一个人所处的社会环境。那么对青少年来说，面对升学压力、家庭变化，乃至重要考试，动荡和不确定的感觉，就会像狂风骤雨一样突如其来。

那么，为什么有的孩子能扛过去，有的孩子却很艰难呢?

因为每个孩子的树根、树干和树叶各不相同。

树根是指一个人的原生家庭和依恋关系。父母对孩子的态度是什么，亲子间的关系如何，都会对孩子的成长产生重要的影响。如果父母和孩子之间的关系是互信的、安全的，那么孩子自然也更有底气去面对未知的世界。

树干是指一个人的价值观与拥有的社会支持。如果孩子觉得学习是一件有意义的事情，学习对自己很重要，那么他必然会乐于学习。反之，便会出现厌学、拒学的问题。与此同时，当孩子们遇到困难的时候，是否能够得到亲朋好友的支持也很重要。这些是他们应对危机的内在资源。

树叶是指一个人的成就感。许多遇到心理危机的青少年，会在自己的成就感方面遇到挫折，实现不了对自己的期望，继而陷入失落、无助的情绪之中。

如果树根、树干足够粗壮，树叶足够茂密，孩子就能够勇敢面对风雨的洗礼。反之，如果树根、树干不够坚固，树叶稀疏，孩子就会如娇弱的树苗，在风雨中易被折断。

心理危机树理论生动地展示了儿童、青少年心理危机与各要素之间的关系。

该理论提示我们应该从个人、家庭、教师和社会多个角度入手，全面支持和保障儿童青少年的心理健康。

本书旨在成为一座桥梁，连接孩子与家长、教师乃至整个社会的心。心理健康如同身体健康一样，是每个人不可或缺的一部分，而儿童青少年时期更是心理发展的关键阶段。本书通过深入浅出的讲解、生动有趣的案例以及科学实用的方法，力求让复杂的心理学知识变得易于理解，让每一位读者都能从中受益。

在书中，您将了解到儿童青少年心理发展的常见问题与挑战、儿童青少年常见的心理问题及其成因，如抑郁障碍、焦虑障碍、注意力缺陷多动障碍等。同时，本书也会提供一系列行之有效的应对策略与干预方法，帮助家长和教育工作者更好地理解和支持孩子，引导他们建立积极健康的心理模式。

每一个孩子都是独一无二的，他们拥有无限的潜力和可能性。希望这本书能激发更多人对儿童、青少年心理健康的关注与重视，共同营造一个让孩子感受到关爱、包容和支持的成长环境，为孩子们的心灵成长保驾护航，让他们在阳光雨露下茁壮成长，绽放出属于自己的光彩。

编者

2025 年 1 月

目录

Contents

第一章

儿童青少年心理发展的理论与概念

一 儿童青少年心理发展理论的历史与流派

（一）主要心理发展理论的起源与演化

儿童心理学研究可以追溯到文艺复兴以后的一些人文主义教育家，如夸美纽斯、卢梭、裴斯泰洛齐、福禄贝尔等人的工作。他们提出了尊重儿童、了解儿童的新教育思想，为儿童心理学的产生奠定了最初的思想基础。达尔文的进化论直接推动了儿童发展的研究，他的《一个婴儿的传略》一书是儿童心理学早期专题研究成果之一。科学的儿童心理学产生于19世纪后半期，德国生理学家和实验心理学家普莱尔是儿童心理学的真正创始人。他对自己的孩子从出生到3岁每天进行系统观察，并将这些观察记录整理成《儿童心理》一书，于1882年出版。该书被公认为第一部科学、系统的儿童心理学著作。19世纪末，威廉·冯特（Wilhelm Wundt）在德国莱比锡建立了世界上第一个心理学实验室，标志着心理学作为一门独立学科的诞生。在20世纪初，心理学研究主要集中在成人心理，儿童心理相对较少。20世纪中叶，随着心理学的进一步发展，儿童心理发展开始受到重视。起初，人们更多关注的是儿童的异常行为，随后心理学家对于儿童的关注延伸到了儿童的发展以及各个阶段的发展对人生的影响。

美国心理学家斯坦利·霍尔（G. Stanley Hall）在19世纪末对儿童心理发展进行了研究。瑞士心理学家让·皮亚杰（Jean Piaget）在20世纪初开始对儿童的认知发展进行系统研究，提出了著名的认知发展阶段理论。奥地利心理学家西格蒙德·弗洛伊德（Sigmund Freud）虽然主要研究成人心理，但他的理论也涉及儿童心理发展，特别是性心理发展阶段。20 世纪初期至中期，行为主义心理学在美国兴起，强调对可观察行为的研究。B.F. 斯金纳（B.F. Skinner）等行为主义者对儿童行为的学习和塑造进行了研究。20 世纪末，埃里克·埃里克森（Erik Erikson）提出了心理社会发展八阶段理论，强调社会文化因素在个体发展中的作用。苏联心理学家列夫·维果茨基（Lev Vygotsky）提出了社会文化理论，强调社会互动在儿童认知发展中的重要性。劳伦斯·科尔伯格（Lawrence Kohlberg）对儿童的道德推理能力进行了研究，提出了道德发展的阶段理论。21 世纪以来，随着心理学、神经科学、教育学等学科的交叉融合，儿童心理发展的研究变得更加多元化和深入。现代理论家艾莉森·戈普尼克（Alison Gopnik）提出了新的理论，试图整合认知、情感和社会因素，以更全面地理解儿童心理发展。许多研究者开始关注不同文化背景下的儿童心理发展的异同，强调文化因素在心理发展中的作用。

儿童青少年心理理论的历史背景是心理学学科发展的一部分，涉及对儿童心理成长过程的系统研究和理论构建。它的起源和发展是一个逐渐深化和多元化的过程，包含多个学科和理论家的贡献。从早期的萌芽到现代的多元化和深化，这一领域不断发展，为我们理解儿童是如何成长的提供了丰富的理论资源和实证研究。随着科学技术的发展和全球化的推进，儿童心理发展的研究将继续拓展新的领域和深度。

（二）弗洛伊德与拉康的精神分析学说

弗洛伊德是精神分析学派的创始人。他对儿童青少年心理发展理论的贡献主要在于其提出的性心理发展阶段理论与俄狄浦斯情结。

1. 性心理发展阶段理论

工业革命后期，社会结构和人们的生活方式发生巨变，对个体心理的研究逐渐受到重视。弗洛伊德受达尔文进化论及尼采意志哲学等思潮影响，结合自身的临床实践，提出“力比多”（Libido）这一概念，描述人类心理活动中的性能量。他认为人的精神活动能量来源于本能，包括生本能和死本能。在生本能中，性欲本能是推动个体行为的重要力量。力比多是推动个体发展和行为发展的内在动力。弗洛伊德将性本能的概念扩展到不局限于生殖行为，还包括所有寻求快乐和满足的活动。他将个体的性心理发展划分为五个阶段，每个阶段都有其特定的性敏感区域和心理冲突。

（1）口腔期（Oral Stage，0～1岁）

这一时期原始欲望的满足主要是靠口腔部位的吸吮、咀嚼、吞咽等活动来完成。婴儿的快乐也多来自口腔的活动。如果这一时期口腔的活动受到限制，就会给将来的生活带来不良影响。成年人中有些人被称为“口腔性格者”，可能就是口唇期发展不顺利导致的。他们在行为上主要表现为贪吃、酗酒、吸烟、咬指甲等，甚至有些性格的表现，如自卑、依赖及洁癖等也被认为是口腔性格的特征。

（2）肛门期（Anal Stage，2～3岁）

这一时期原始欲望的满足主要是靠排泄和控制大小便时所产生的刺激快感获得。这个时期是对婴幼儿进行卫生习惯训练的关键时期。如果管制得过严，也会给将来的生活带来不良影响。成年人中有些人表现出冷酷、顽固、刚愎自用、吝啬等，被弗洛伊德称为“肛门性格”，可能就是这一时期发展不顺利的结果。

（3）性器期（Phallic Stage，4～6岁）

这一时期原始欲望的满足主要集中于性器官。此时，幼儿喜欢触摸自己的性器官。幼儿在这个时期已经可以辨别男女性别，并且以父母中的异性作为自己的“性爱”对象，男孩可能会以自己的父亲为“竞争对手”而对母亲产生爱意，这种现象被称为恋母情结（Oedipus Complex）。同理，女孩以自己的母亲为“竞争对手”去爱自己的父亲的现象被称为恋父情结（Electra Complex）。按弗洛伊德的说法，当男童发现女童的性器官与自己不同时，他可能假想甚至怀疑是被他父亲割掉了，因而产生恐惧。弗洛伊德称这种现象为阉割恐惧（Fear of Castration）或阉割情结（Castration Complex）。像这种既恋爱母亲又畏惧父亲的男童心理冲突，以后会自行逐渐消失，从原来的敌对转变为以父亲为楷模，向他学习、看齐，这种现象被称为认同。类似的心理历程也会在女童身上发生。由于她发现自己的性器官与男性不同，因此她怀疑自己原来的性器官被别人割掉了，于是既恋爱父亲却也对男性心怀嫉妒。这一现象被弗洛伊德称为阳具嫉妒（Penis Envy），并认为女性这种情结直到成年结婚生子时才会真正得到化解。

（4）潜伏期（Latency Stage，6 ~ 13 岁）

6 ~ 7 岁以后的儿童，兴趣范围扩大，注意力由对自己的身体和父母的感情转移到周围的事物，因此原始的欲力呈现出潜伏状态。这一时期的男女儿童之间，在情感上比以前疏远，团体活动多呈男女分离的趋势。

（5）生殖器期（Genital Stage，青春期至成年）

青春期的开始时间，男性一般在 13 岁左右，女性一般在 12 岁左右。此时，个体的性器官逐渐成熟，生理与心理上所显示的特征，使两性差异开始变得显著。人在这个时期以后，性的需求转向相似年龄的异性，并且有了两性生活的理想，有了婚姻家庭的预设。至此，性心理的发展已趋于成熟。

2. 俄狄浦斯情结（Oedipus Complex）

俄狄浦斯情结被弗洛伊德定义为主体在其与父母的关系中所体验到的一系列爱恋与敌对欲望的无意识布景；主体对父母中的一方有欲望，并因此进入同另一方的竞争状态。在俄狄浦斯情结的“正向”形式中，欲望指向的父母一方是与主体性别相反的一方，而同性的父母一方则是竞争者。俄狄浦斯情结在生命的第三年出现，继而在第五年衰退。孩子在此时会放弃对其父母的性欲望并转而认同竞争者。弗洛伊德认为，所有的精神病理性结构皆可以追溯至俄狄浦斯情结。该情结因此被称为“神经症的核心情结”。

3. 拉康的三界拓扑学理论与婴幼儿主体的建构

雅克·拉康（Jacques Lacan）是一位法国精神分析学家，以其对弗洛伊德理论的重新解读而闻名。拉康的理论在很多方面都与弗洛伊德的理论有联系，但他对儿童青少年心理发展的理解有其独特的视角，其中最有影响力的是其三界拓扑学理论与镜子阶段理论。

拉康将人类精神结构划分为三个象限 / 三大秩序，分别为：实在界（R）、想象界（I）和符号界（S）。如图 1-1 和图 1-2 所示，每个圆环代表三大秩序中的一个，三界相互依存并以波罗米结的形式扭结在一起，如果割断其中任一圆环，所有三个圆环就会分离开来。其中实在界（Real）代表外部世界和物理现实的领域，是不可能完全用语言描述的现实，如个体身体的器官及其感受；想象界（Imaginary）表示个体头脑中有关事物的形象，与个体的自我形象和幻想有关，是个体与他人的关系和自我认同的构建基础；符号界（Symbolic）与个

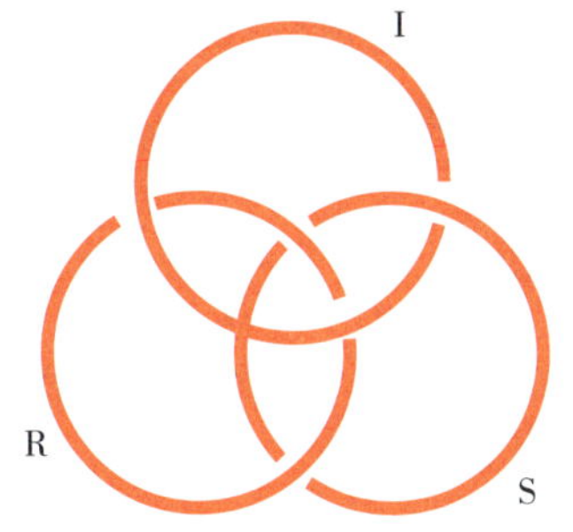

图 1-1　人类精神结构的三个象限

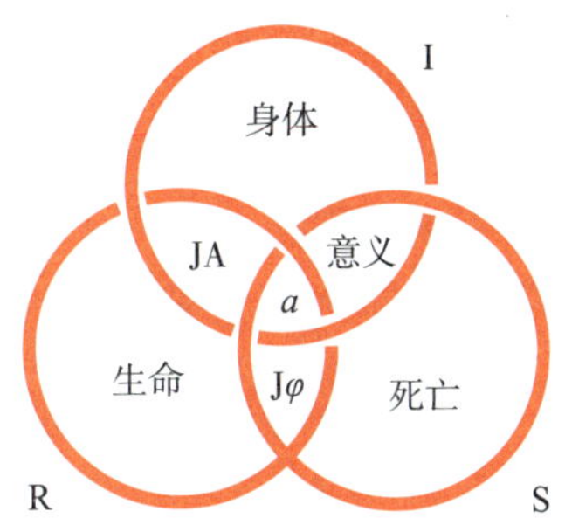

图 1-2　拉康的三界拓扑模型

体周围的语言和社会规则有关，是个体认同和欲望形成的场所。拉康认为，个体通过语言进入象征秩序，从而成为社会的一部分。拉康的三界拓扑模型，可以方便我们理解婴幼儿主体建构的过程。

（1）第一阶段：被实在吞没

在婴幼儿诞生之初，身体器官为其带来的感受是压倒性的。这不仅是因为婴幼儿尚不会使用语言表达，还因为这些感受是具有捕获性的。当饥饿的时候，他们的身体被饥饿感所捕获，感受不到其他任何东西，并且这种感受非常强烈，以至于无法承受。这便是婴幼儿所感受到的实在的部分。在诞生之初，他们被实在吞没。如图 1–3 表示。

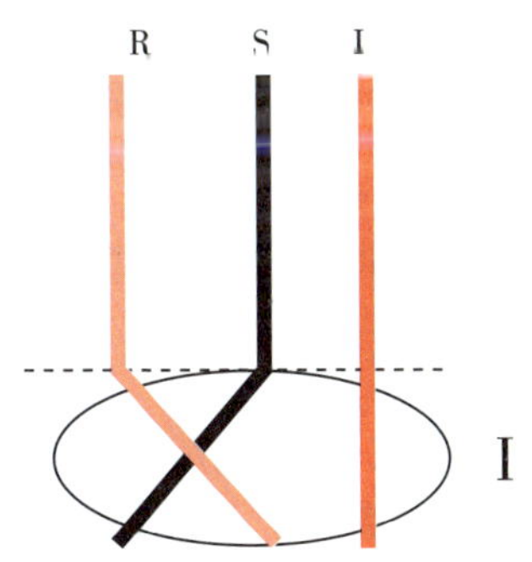

图 1-3　第一阶段：被实在吞没

（2）第二阶段：想象对实在的超越

当理解实在部分后，我们便可以得知，在照料婴幼儿的过程中，仅单纯地满足其基本生理需求是不够的。美国心理学家亨利・哈洛（Harry Harlow）的恒河猴实验已经为我们说明了这一点：实验中，铁丝母猴仅提供食物，而绒布母猴提供了更多的触觉舒适感。实验发现即使铁丝母猴能够提供食物，小猴子们在非饥饿状态下仍更倾向于和绒布母猴在一起，显示出它们对触觉舒适感的偏好。因此，在婴幼儿遭受实在吞没的时刻，照料者要做的不仅仅是为其递上奶嘴这样一个简单的动作，还要和孩子有目光的接触、身体的抚摸以及言语的传递，从视、听、触等多个维度介入，使孩子得到安抚、产生快乐。在这个过程中，孩子的精神世界会有想象性的东西产生并超越了身体上的实在性的部分。在这样完美的想象二元关系中，婴幼儿透过照料者的目光，会构建出一个关于自己完美形象的想象。如图 1–4 所示。

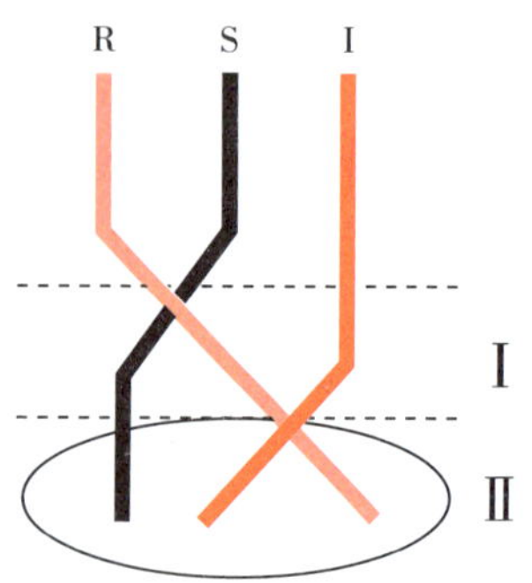

图 1–4　第二阶段：想象对实在的超越

（3）第三阶段：符号对想象的超越

前两个阶段中，无论是实在的吞没还是想象的产生，对于婴幼儿来说都是漫无边际的。但在照料者养育的过程中，如果有话语的介入，除了上述的视觉、触觉以外，就会在听觉维度给孩子符号性的锚定。如当孩子因饥饿而啼哭的时刻，照料者除了为其递上奶嘴外，还会伴随着“宝宝饿了”之类的话语。这些言语便为想象划定了一个边界，使实在的吞没被缩减，让婴幼儿将这种感受定位在“饿了”这种符号的层面。

至此，实在、想象、符号三界完成了第一次的扭结，如图 1–5 和图 1–6 所示。但编织尚未结束，波罗米结尚未形成。精神病结构主体只完成了一次扭结，因此在精神病患者发作的时刻，三界扭结脱落，他们的实在、想象和符号界是混乱的。

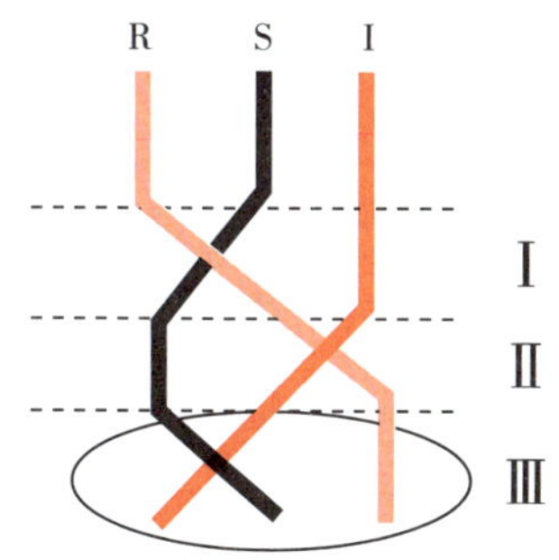

图 1-5　第三阶段：符号对想象的超越

图 1-6　三界第一次扭结

（4）第四阶段：三界的再次编织与扭结

三界的再次编织与扭结是对婴幼儿而言，身体的感受优先于语言、形象。如图 1-7 所示。这一时期，语言是无法对实在进行直接操作的，需要想象的介入。精神病患者的身体是缺乏想象性整合的。

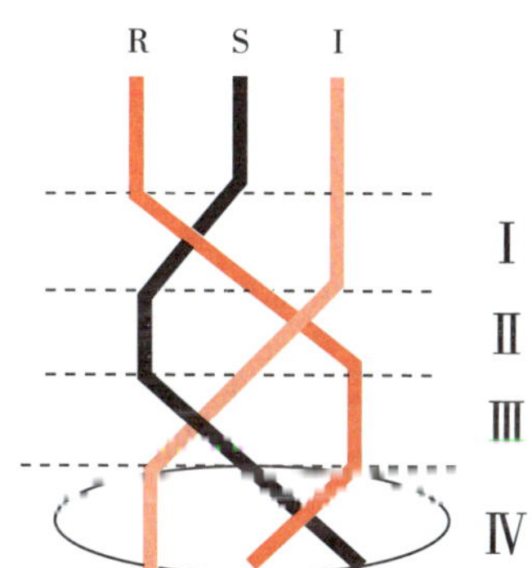

图 1-7　第四阶段：三界的再次编织与扭结

拉康的三界拓扑学模型，可以帮助人们理解婴幼儿主体的形成与构建是实在、想象与符号三界的不断编织与扭结形成的。这个过程是持续且不分先后的。这给我们的启示是，关注婴幼儿的心理健康与照顾，以及对婴幼儿疾病的治疗，需要将心理因素考虑在内。譬如在重症监护室内，如果能让父母参与陪伴，那对孩子的疾病恢复是非常有帮助的。

4. 镜子阶段理论与儿童自我的形成

镜子阶段（Mirror Stage）理论是拉康于 1936 年在第十四届国际精神分析大

会上提出的概念，在 1949 年重新整合并在第十六届国际精神分析大会上宣读了《镜子阶段作为“我”的功能之形成是精神分析经验所揭示的》，标志着镜子阶段理论的成熟。这是拉康的精神分析理论为学界正式贡献的第一个主题，也是他为儿童心理发展理论做出的重要的贡献之一。拉康试图通过引入镜子阶段理论来分析说明儿童的自我建构。他认为，儿童在 6 ~ 18 个月大时会经历一个关键的心理发展阶段，即镜像阶段。在这个阶段，儿童刚开始会把镜中自己的影像指认为另外一个孩子，但还无法辨识自己的镜中像。慢慢长大后，他认出了自己在镜中的形象:“那就是我！”这一刻，他心中充满了狂喜。在拉康看来，镜前的孩子的认知在此过程中，包含了双重的错误识别：当他把自己的镜中像指认为另一个孩子的时候，是将“自我”指认成“他人”；而当他将镜中像认作自己时，又将光影的幻象当成了真实，混淆了真实与虚构，并由此对自己的镜像开始了迷恋。

（1）镜子阶段的三个时刻

拉康将镜子阶段划分为三个不同的时刻。在第一个时刻，通过儿童对其想象世界中各种形象的服从可以观察得出，此刻的儿童认为镜子所呈现的形象是真实的，或者至少是另一个人的形象；在第二个时刻，儿童发现镜子里的形象是虚幻的，他不再试图抓住被认为是隐藏在镜子后面的另一个儿童，同时在这一时刻“互易主义”现象出现，即其他孩子的形象会被当成是镜子中自己的形象，于是儿童自我和他者的意图在此被等价，助长了儿童主体欲望的最初构建，即他者欲望的事物变成自我欲望的事物，他者形象成为“理想自我”的认同源泉；第三个时刻是人类区别于动物的时刻，人类的孩子开始认出镜中的虚幻形象是他自己的形象，也正是通过这个形象，他有了自我的原型。

如图 1–8 所示的眼睛代表正在看的主体即符号我，通过镜子阶段形成自我的原型。但如果理想自我的构建和他者形象紧密地贴合且毫无间隙，那就回到了一种如孩子与母亲混为一体的二元想象关系中，即弗洛伊德所说的原初自恋式状态。因此拉康派的许多针对儿童青少年的临床工作都有从母子二元关系（想象界的前俄狄浦斯情结）转入父亲、母亲、孩子三元关系（符号界的俄狄浦斯情结）。

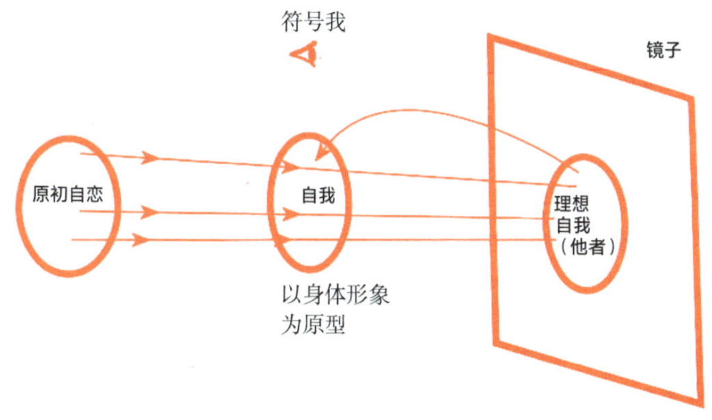

图 1-8　镜子阶段理论模型

（2）精神病：符号我与想象我的紊乱

刚出生的婴儿很难像动物一样，在短时间内便可以站立行走和独立生存，因此人类的出生是特殊的“早产”。镜子阶段的功能便是，在孩子运动功能尚不协调的状态下，镜子返回给孩子的身体形象却是固定和稳定的。借由这一身体形象，孩子便可以沿着成熟轴线的预期去发展。

拉康在镜子阶段理论中的“镜子”有别于神经科学中的身体图示，而是指婴幼儿时期的照料者。照料者身为孩子的镜子，反射出的是婴幼儿的自我形象。拉康认为，儿童健康发展的关键是体验到自己是有他人爱的。当母亲没有将爱和注意力放在孩子身上的时候，这种痛的体验和不被爱的体验让孩子难以建构出一个他所能栖息的身体形象，进而造成身体形象的紊乱，甚至是身体形象的彻底扭曲，如一个身形高大的人却认为自己是矮小的。

（三）皮亚杰的认知发展理论

让·皮亚杰（Jean Piaget）是一位瑞士心理学家和哲学家，以其对儿童认知发展的研究而闻名。皮亚杰的理论强调了儿童如何通过与环境的互动来构建知识体系。他认为个体的认识（心智）既不是起源于先天的成熟，也不是起源于后天的经验，而是起源于主体的动作。这种动作本质是主体对客体的适应。主体通过动作对客体的适应，是心理发展的真正原因。其本质在于取得机体与环境的平衡。皮亚杰认为，儿童发展的过程中会经历三个关键的时间点：2 岁左右、7 岁左右和青少年期。每经过一个时间点，儿童就会使用新的方式对知识进行建构。这也意味着儿童的认知发展会经历四个不同的阶段：婴儿期处于感知运动阶段、童年早期处于前运算阶段、童年中期处于具体运算阶段，之后进入形式运算阶段。

1. 感知运动阶段（0～2岁）

该阶段的儿童只有动作活动，开始协调感觉、知觉和动作，还没有表象和思维，智力水平还处于感知运动阶段。婴儿的行为是自然发生的，代表了一种试图理解世界的努力。对于婴儿来说“球是用来扔的，奶瓶是用来吸的”。不同的婴儿进入特定阶段的年龄差异很大，进入某一阶段的确切时间反映了婴儿身体的成熟和婴儿所处的社会环境性质之间的交互作用。这一阶段是思维的萌芽期，是以后发展的基础。

2. 前运算阶段（2～7岁）

这一阶段的认知成就是出现了符号功能或象征性功能。符号是事物的代表而不是事物本身。语言是一种符号，如“茶杯”这个词代表了与茶杯有相同功能的一类物品。心理表征也是一种符号，是属于个人头脑中的，跟它表征的事物有某种相似性，如我们想起“狗”，头脑中立刻浮现出“狗”的形象。这是过去见过狗这一动物形象的反应。动作姿势也是一种符号，如两只手掌合十，放在头的一侧，就是假装要睡觉了。儿童在该阶段更多使用象征性符号（具有浓重个人特色的特殊标志）进行思维，心理推理出现，概念的使用也有所增加。儿童逐渐发展出更高级的能力，能够在心里想象和理解事件，更少依赖直接的感知来理解周围的世界。他们还不能进行运算。运算是有组织的、形式的、逻辑性的心理过程，是学龄儿童的特征。只有在前运算阶段结束时，孩子才开始具备运算能力。虽然该阶段的儿童开始以符号为中介来描述外部世界，能够表现出延迟模仿、装扮、想象或游戏等行为，能够想象未来，反映过去，但是他们的思维还是具有很大的局限性。首先学龄前的儿童是以自我为中心的：仅从自己的角度去对世界给出表征，不认为别人有与自己不同的观点。其次学龄前的儿童不具备守恒观念。守恒，指客体的外观虽然改变了，但客体的某一物理属性（如数量、质量、长度、面积或容积等）仍然保持不变。他们对转变（即一种状态变化成另一种状态的过程）也不完全理解。前运算阶段的儿童不能按照前后一致的概念标准对事物进行分类，他们是依据客体的外部知觉特征进行分类的，并且在同一个分类作业中分类的标准经常变动。

3. 具体运算阶段（7 ~ 12 岁）

该阶段的儿童以主动且恰当地使用逻辑为特征。具体运算阶段思维要求将逻辑运算应用在具体问题中。由于自我中心程度较低，所以他们能够考虑到一个情景中的多个方面，即有了去中心化能力。儿童一旦完全采用具体运算思维，就展现出很多认知进展。例如，获得可逆性概念，即转变刺激的过程是可以逆转的，可以使其恢复到最初状态。该阶段儿童认识到事物可以按照不同的标准分类，并且能够解决分类包含的问题。同时有了序列能力，即能够按照大小的递增或递减对物体的各个成分排出次序。另外还具备了对距离、面积和体积的认知，以及空间推理能力，特别表现在“心理旋转”和“心理行走”等有关空间方面的推理能力的发展。具体运算阶段儿童在思维的发展上有了质的变化，这种变化主要表现在从现象到本质的发展、从中心性到去中心性的发展、从静态到动态的发展、从可逆到不可逆的发展、从量的同一性到质的同一性的发展。儿童头脑中能形成稳定的概念，出现了概念思维以后，思维就不再受物体的知觉特点所限，能协调各种关系，使思维达到灵活的平衡。

4. 形式运算阶段（12 岁左右）

形式运算阶段的儿童心智发展趋于成熟，思维能力已超出事物的具体内容或感知到的事物，思维具有更大的灵活性。青少年的思维形式与思维内容相对分离，能够摆脱具体事物的束缚，以命题形式进行运算；能用假设—演绎的形式进行科学思考。能够通过思考命题本身对命题的逻辑性进行评价，不需要结合现实世界的环境来思考这些命题，是一种基于可能性的思维，即现实从属可能性。抽象思维使青少年能够超越现实，设想各种可能性，开辟一个理想和完美的世界。青少年可能会想象出各种家庭、宗教、政治和道德体系，并且还想对这些方面进行探讨。这种心理倾向是青少年探究新的领域、培养更强的社会责任感及表明自己的价值观和偏好的一个组成部分。此外，青少年的归纳推理能力获得发展。面对难题时，形式运算阶段的青少年会考虑可能产生影响的所有因素，并运用隔离变量的策略，在全部可能组合中寻找并确定某种关键的组合，甚至考虑在外部特征上没有明显显现的因素。他们会积极思考，逐步找到真正起作用的因素。青少年的反省思维能力也得到发展，并出现自我中心性。青少年反思自己思维的能力和他们所经历的生理和心理变化，都意味着他们对自身开始更多的思考。皮亚杰认为，随着形式运算的产生，一种新的自我中心产生了：不能把自己和另一个人的抽象观点区分开，于是当青少年想象他人一定在想什么时，他们对人—我关系就会产生两种认知扭曲：

（1）假想观众：青少年总是想象社会是一个大舞台，自己在舞台上表演，并且总是觉得自己是别人关注的焦点，结果产生极度的自我中心，常常费尽心思避免难堪。假想观众有助于理解为什么青少年会花费大量时间观察自己外表的每个细节，也可以解释为什么青少年那么在意老师、父母、同伴的批评，受到批评的时候为什么那么容易冲动和激惹。对那些认为大家都在监控自己表现的青少年来说，父母或老师的批评会让他们感到被羞辱。

（2）个人神话：青少年相信别人正在对自己评头论足，所以会夸大自己的重要性，开始认为自己是特殊的、与众不同的。许多青少年认为自己是最棒的，有时又认为自己跌到了非同寻常的绝望深渊——认为这些经验是别人不能理解的。个人神话可能会促使青少年产生冒险行为。在向形式运算阶段过渡的过程中，假想观众和个人神话最明显。随着抽象推理能力得到更好的发展，假想观众和个人神话会逐渐减少。有研究者认为自我所产生的这两种扭曲看法并不是自我中心的某种回归。相反，是观点采择能力发展的结果使青少年非常关心别人的看法。青少年认为别人非常关注他的外表和行为，还有情感上的原因。在为摆脱父母的束缚、形成独立的自我意识而斗争的时候，这种心理特点可以帮助他们牢固保持某种重要的人际关系。

（四）维果茨基的社会文化发展观

列夫·维果茨基（Lev Vygotsky）是苏联伟大的心理学家。他主要研究儿童发展和教育心理，被誉为“心理学的莫扎特”。他提出了心理发展的文化历史理论，对苏联乃至全世界的心理学发展作出了巨大的贡献。与皮亚杰不同，他认为发展并不是朝社会化进行的，而是朝社会关系转化为心理机能进行的，因此集体在儿童发展的全部心理学中呈现出崭新的面貌。

1. 社会文化理论与最近发展区

维果茨基认为，儿童具有某种天生的能力，例如，感知觉、不随意注意、形象记忆等。这些能力是个体消极适应自然的心理能力，被称为低级心理机能。

在儿童与成人或更为成熟的同伴的交往中，这些基本的心理机能发展为更为高级、复杂的认知功能，如观察（有目的的感知）、随意注意、词的逻辑记忆、抽象思维等，被称为高级心理机能。他强调社会文化以及社会交往在儿童高级心理机能发展中的重要作用。维果茨基感兴趣的是儿童发展的潜能，而不是儿童在某一特定点的发展水平。因而，他提出了“最近发展区”的概念。维果茨基的研究表明，教育对儿童的发展能起到主导作用和促进作用，但需要确定儿童发展的两种水平：一种是已经达到的发展水平；另一种是儿童可能达到的发展水平，表现为“儿童还不能独立地完成任务，但在成人的帮助下，在集体活动中，通过模仿，却能够完成这些任务”。这两种水平之间的距离，就是“最近发展区”。把握“最近发展区”，能加速学生的发展。他把“最近发展区”界定在“儿童现有的独立解决问题的水平”和“通过成人或更有经验的同伴的帮助能达到的潜在的发展水平”之间的区域。这个“区”的定义就是一个儿童的表现和同一个儿童与成人一起活动或在成人以及更有经验的同伴辅助下活动的表现之间的差异（以时间为单位）。例如，两个儿童接受 8 岁儿童心理测定标准的测验。在标准化的辅助下，第一个儿童达到 9 岁儿童的水平，第二个儿童达到 12 岁儿童的水平，那么第一个儿童的最近发展区是 1 年，第二个儿童的最近发展区是 4 年。在最近发展区内，成人或同伴的帮助的实际形式是多样的，如：用模仿的方法示范、列举实例、启发式提问、由成人进行监督，以及最重要的一点——作为发展的积极因素的集体活动等。“最近发展区”理论给我们提供了一条理解儿童发展的途径，其蕴含的重要思想是：儿童的发展主要是通过与成人或更有经验的同伴的社会交往而获得的。维果茨基说：“如果儿童在最近发展区接受新的学习，其发展会获得更多成果。在这个区内，如能得到成人帮助，儿童比较容易吸收单靠自己无法吸收的东西。”

2. 维果茨基理论的应用与影响

维果茨基的“最近发展区”，主要是就智力而言的。其实，在学生心理发展的各个方面都存在着“最近发展区”。教师应该围绕“最近发展区”做工作，通过联系簿、周记、作业本、期末鉴定、书信等载体给学生写评语，让学生看到成功的希望，明确努力的目标，获得前进的动力，一步一步地发展自己，一点一滴地完善自己。

维果茨基的理论为研究认知发展提供了一个社会文化框架，强调了社会互动在认知发展中的作用，同时促进了对不同文化背景下儿童发展的研究，探讨了文化差异如何影响认知和行为模式。他的理论也被应用于研究儿童的道德和社会行为的发展，以及这些行为如何受到社会文化因素的影响。该理论在当代心理学和教育学中具有重要影响，尤其是在理解儿童如何在社会文化环境中学习和发展方面，在教育实践中启示教师应利用儿童的“最近发展区”来设计教学活动，以促进儿童的认知发展。维果茨基提供了一个与皮亚杰的认知发展理论互补的视角，强调了社会文化因素在认知发展中的作用。

二 儿童青少年心理发展的关键阶段

在人的一生中，个体身心特征的发展是一个连续的过程，但又可以分为不同的阶段。个体发展到一定的年龄阶段，应该表现出与个体年龄相符合的行为特征。这种社会期待性的行为标准，被称为发展任务（Development Task）。根据个体的年龄和主要的发展任务，人的一生可以分成八个阶段：产前期、婴幼儿期、儿童早期、儿童后期、青年期、成年期、中年期以及老年期——每一个发展阶段都有其大致年龄范围以及阶段身心发展的主要特点。但是，每个阶段并没有明确的生理和心理的发展指标，社会评价物也存在差异。因此，对各个发展阶段的划分只是相对的，各阶段的起止时间也只是近似的。人的心理发展，不管是感知觉功能的发展，还是语言功能或运动技能的发展都存在关键期（Critical Period）。在关键期内，适宜的刺激和经验是运动、感觉、语言及其他脑功能正常发展的重要前提。以视知觉的发展为例，如果婴儿从出生起就缺乏有效的视觉刺激（如在患白内障的情况下），本来用于视觉的脑细胞将会萎缩或转而从事其他的任务；如果视觉在3岁时还不能得到恢复，患儿就可能永久性地丧失视觉功能。医学史上曾经报道过这样一个病人：一个6岁的意大利男孩，一只眼睛失明，人们对其失明的原因迷惑不解，因为眼科检查表明其眼睛是完全正常的。随后才真相大白：在他还是婴儿时，为了治疗轻微的感染，他的一只眼睛被绷带缠了两圈。这样的治疗对成年人当然不会有影响，但是对发育中的婴儿来说，却产生了非常严重的后果。由于缠绷带的那只眼睛暂时不工作了，脑内相应的神经元发生变化，从而导致了这一悲剧。

在猫或猴子出生后的几个月中，研究者通过手术将它的一只眼睛的眼睑缝合起来并维持一段时间，然后把它打开。视觉被剥夺的这只眼睛在重见光明后，永远不能恢复其应有的视觉能力，导致个体终生弱视甚至丧失视觉。在视觉被剥夺的这一时期，视觉系统的结构也发生了不可逆转的变化：视觉被剥夺的眼睛的神经通路由于没有获得视觉刺激，其相应的视觉皮层区域为正常眼睛的视神经通路所占领。然而，在成年猫或猴子身上，类似的视觉剥夺不会影响被剥夺眼的视觉功能。这说明，在早期发育过程中，视觉系统存在一个关键期。在关键期内视觉经验的有无以及视觉经验的丰富与否，对建立正常的视觉功能具有极其重要的意义。猴子的视觉发育最敏感的时期是出生后的 6 ~ 8 周，而人的视觉发育最敏感的时期是出生后的半年之内。

人类的语言习得同样存在关键期。为了正常地习得语言，人必须在特定年龄之内接触正常的语言环境。婴儿的大脑在出生后具有区分语音刺激与其他刺激的能力，而且这种语言能力一生下来或在出生以前就优先在左半球发展。但是，随着大脑的发育，与语言活动相对应的皮层功能区会不断经历着专门化的过程。0 ~ 5 岁是儿童大脑高速发育的时期，也是儿童语言习得的关键期。在关键期以前，如果儿童还没有接触到正常的语言环境，其左半球的语言潜能就会消失。在关键期后，虽然儿童的语言能力可以继续得到发展，但其发展速度、加工过程以及学习效果都与正常的语言习得有显著差异。例如，印度“狼孩”卡玛拉，8 岁时回到人类社会，在人类社会又生活了 10 年。她刚被发现时，生活习性与狼一样，不会说话。即使经过精心的培养，卡玛拉的身心发展仍十分缓慢：她用 2 年学会了站立，6 年学会了行走，4 年学会了 6 个单词，7 年学会了 45 个单词；到 17 岁时，智力只相当于 4 岁儿童的水平。

心理发展的关键期与脑的可塑性（Plasticity）密切相关。脑的可塑性指脑可以被环境和经验修饰，具有在外界环境和经验作用下不断塑造其结构和功能的能力。在关键期内，脑的结构和功能特别容易受到环境和经验的影响。因此，关键期也是可塑性最大的时期。在这一时期，脑在结构和功能上都具有很强的适应和重组的能力，易于受到环境的影响。在关键期内，某些脑功能的建立要比到青春期脑发育成熟以后更容易。

然而，并非所有的人类心理功能都有明显的发展或习得的关键期，或关键期不是那么明显。因为关键期往往有“错过此时期发展就不再进行”的含义，因此一些学者更主张使用敏感期（Sensitive Period）这一概念（申继亮等，1992）。“敏感期”意味着在这一时期内，某一心理功能的发展对环境和经验最为敏感，发展最迅速；但是这一时期结束以后，相应的心理功能还可能得到发展。

（一）婴幼儿期（0 ~ 2 岁）

刚出生时，足月男婴的体重为 3.3 ~ 3.4 千克，女婴为 3.2 ~ 3.3 千克；身高为 50 厘米左右，男婴比女婴略高，头胎婴儿比二胎、三胎婴儿略矮。出生时的体格大小与父母的身材、种族、婴儿性别、母体营养和母亲的健康状况有关。出生后，婴儿的生理发展在外主要表现为身高、体重、头围、胸围、牙齿与骨骼发育等方面，在内主要表现为大脑的发育以及突触的生长等。

出生时，新生儿大脑的大小大约是成人的 1/4。出生后，大脑继续生长，主要表现为脑皮层的生长：在婴儿 6 个月大时，大脑将达到最终体积的一半；在 2 岁时为成人的 3/4；4 岁时脑的大小已与成人十分接近。随着体积的增长，头围也相应变大。

大脑皮层单位体积内的突触数目在婴儿出生后迅速变化（突触密度亦然）。出生时，婴儿大脑皮层突触数目远低于成人；出生后的几个月内，大脑皮层突触数目迅速增加。4 岁左右的儿童，其大脑皮层各区的突触数目达到顶峰，约为成人的 150%。在整个儿童期内，突触数目保持在远高于成人的水平。到青春期，大脑启动某种尚不清楚的机制，突触数目开始减少。最后，青少年大脑皮层的突触数目逐渐接近成人的水平。

与突触数目的变化相应，神经回路在出生后也继续发育。出生时婴儿大脑的神经元数量已与成人相似，但是神经回路的构建远没有完成；有些回路尽管已经建立起来，但是并不稳固。突触数目的大量增加使神经回路得到新的建立。出生后神经元的轴突迅速被一层蜡质的髓磷脂覆盖，这一过程被称为髓鞘化。髓鞘起到绝缘作用，使得神经冲动的传导更快、更有效。

婴幼儿各种动作的发展是其活动发展的前提，也是婴幼儿认知发展的基础。动作的发展与婴幼儿的空间认知、概念形成、社会交往、去自我中心化都有密切关系。婴儿的动作发展并不是一个随意的、杂乱无章的过程，而是有确定的内在规律，遵循一定的原则，并具有相应的发展里程碑。

在胎儿期，胎儿就已经有了初步的动作：胎动与反射活动。出生以后，新生儿在清醒的时候是很忙碌的。他们转头、踢腿、挥动手臂，并能完成一连串的反射行为。在这些行为中，新生儿对动作并没有太多的意识控制。到 4 个月时，这些反射行为被大脑皮层控制的随意动作取代。在 3 岁以前，随着婴儿开始有意识地运用身体的特定部位，动作控制能力持续、迅速地发展，此时儿童已经可以完成一些精细的动作。爬行是婴幼儿的一种重要的动作技能，一般在 8 个月左右就可以掌握。研究表明，爬行经验不但影响婴幼儿空间认知能力的发展，对婴幼儿的依恋行为和社会性情绪的发展也有重要影响。

动作发展的基本顺序在不同儿童个体之间有一些共同规律。一般来说，婴幼儿动作的发展顺序主要遵循三个原则。①由上到下的原则：婴儿首先发展与头部有关的动作，其次是躯干动作，最后是脚的动作。②由中心到四周的原则：婴儿首先发展头部和躯干的动作，其次是双臂和腿部的动作，最后是手的精细动作。③由简单的、无意识的动作到复杂的、有意识的动作的原则：婴儿开始的动作主要是简单的大动作，意识参与的成分少，而后逐渐发展为有意识参与的精细和复杂的动作。

虽然人类动作的发展都遵循着共同的发展顺序，但是具体到每个儿童，其发展速度却各不相同。婴幼儿动作发展受到神经系统成熟程度的内在制约，同时也受到环境因素和个体经验的影响。

人对客观世界的认识是从感知觉开始的。感知觉对儿童来说非常重要。它是儿童认识客观世界最初的和最主要的手段，是儿童发展高级认知活动的基础。过去人们认为婴儿刚刚出生时是没有感知觉的。但是新近的研究表明，从出生开始，婴儿所有的器官都已具备某种程度的功能，并且各种感知能力在出生后能得到迅速发展。

1. 触觉

触觉似乎是最早发展的感知觉，是婴儿认识世界的主要手段，在婴儿的认知活动和依恋关系形成的过程中有非常重要的作用。如果轻轻抚摸一个饥饿的新生儿嘴巴四周的皮肤，他会试图寻找并碰触刺激物。婴儿在第 49 天时就可以具有初步的触觉反应。在出生后，婴儿对外界的触觉探索活动主要是口腔触觉和手的触觉活动。早期的婴儿用嘴接触并探索物体，当婴儿面临一个新的物体时，他会有三种不同的反应：摆动手中的物体并观看新物体、口腔活动、用新物体撞击桌面或在桌面滑动，其中口腔活动出现的频率最高。对 5 ~ 12 周婴儿吸吮活动的研究表明，这一时期的婴儿已经可以通过口腔触觉建立条件反射。一项研究新生儿对吸吮奶嘴偏好的结果表明，新生儿对他们吸吮过的特殊形态（凹凸不平）的奶嘴的注视时间长于正常的、光滑的奶嘴。除了口腔触觉以外，婴儿的视—触协调活动也体现了触觉的发展。在 0 ~ 3 个月时，婴儿存在前够物（Prereaching）行为：婴儿对物体挥动手臂，而且物体越是处在可触及的范围内，婴儿的手臂活动就越多。婴儿的这种行为是一种全身心的朝向反射活动，是手眼协调活动的早期倾向。在 4 ~ 5 个月时，婴儿开始有较成熟的抓物行为，能够抓住运动着的物体，可以有意识地完成手眼协调的动作。

触觉不仅对婴儿的感官发育至关重要，对他们的情感发展也有重要影响。研究表明，温柔的抚摸和拥抱有助于安抚和舒缓婴儿的情绪，促进婴儿的情绪稳定和安全感。袋鼠护理（将新生儿靠在裸露的胸膛上）可以提高婴儿的氧气水平，减少哭闹，改善睡眠和母乳喂养质量。此外，定期按摩婴儿不仅有助于建立长期的亲密关系，还能增强婴儿的情感韧性。

2. 视觉

视觉最初发生的时间是胎儿中晚期。在婴儿出生后的最初几个月，视觉系统迅速发育。新生儿的视力非常模糊，主要依靠光和影来感知世界。随着时间的推移，婴儿的视力逐渐提高，他们开始能够识别物体的形状、颜色和细节。研究表明，新生儿可以在出生后几天内识别母亲的面孔，并在几个月内发展出对颜色和深度的感知。4 ~ 5 个月的婴儿已经具有了视觉反应能力以及相应的生理基础。新生儿已经具备一定的视觉能力，会对灯光眨眼，视线随着灯光的移动而移动，也能追随移动的目标。但是新生儿的眼睛比较小，视网膜结构不完整，视神经也尚未发育完全。出生后，视觉能力的发展主要表现为几个方面：视觉调节、视觉辐合、视觉分辨以及颜色知觉能力。2 个月大的婴儿的视物最佳距离为 15 ~ 25 厘米，其视觉调节的能力很差。之后，婴儿的视觉调节能力开始发展，到 4 个月时，已经接近成人的视觉调节能力。出生 3 天的新生儿就可以将视线集中于某物体（如母亲的面孔），并在 3 个月内初步完成双眼辐合能力的发展，视线可以从一个物体移动至另一个物体。冯晓梅等人的研究发现，在出生 24 小时的新生儿中有 78.4% 表现出视觉分辨能力；而且，他们对只有一个维度差异的两个图形的分辨好于差异较多的图形；同时，出生 8 分钟到 13 天的新生儿还表现出对细栅条和正常人脸的视觉偏好。婴儿的视觉敏锐度（即能够清晰地看到物体的能力）在这一时期显著提高。新生儿的视力约为 20/400，这意味着他们只能看到距离较近的物体。到了 6 个月大时，婴儿的视力可以达到 20/100，接近成人视力的一半。在 12 ~ 18 个月时，婴儿的视力接近 20/20，这时他们能够清晰地看到和识别远处的物体。随着年龄的增长，儿童的视觉分辨能力逐渐完善，在 4 ~ 6 岁时趋于稳定。

对颜色的知觉同样经历了发展变化的过程。婴儿在出生后的两年内，感知和认知能力快速发展，颜色知觉是其中一个重要方面。研究表明，婴儿在不同的发育阶段对颜色的知觉有显著变化，这对于他们认识和理解世界起着重要作用。出生 2 个月的婴儿已经具有初步的颜色知觉能力，可以在白色背景上分辨红、绿两种颜色，大约 3 个月时，开始对蓝色敏感，4 个月时显示出对红、蓝的偏好。一般来说，婴儿会对人脸特别感兴趣，他们喜欢盯着别人的脸看。另外，同陌生人的面孔相比，新生儿更喜欢注视母亲的脸。视觉发展的另一个方面是立体视觉的发展。吉布森和沃克（Gibson & Walk,1960）发明的“视觉悬崖”（简称“视崖”，Visual Cliff，见图 1-9）成为研究婴儿深度知觉的经典方法。将 2 ~ 3 个月大的婴儿腹部向下放在“视崖”的一边，发现他们的心跳速率减慢，这说明他们体验到了物体的深度。稍大的婴儿会表现出对“视崖”的不安和恐惧，拒绝从视崖上爬过去。婴儿对颜色的知觉在 0 ~ 2 岁期间经历了显著的发展。从初期对光暗对比的基本反应，到逐渐能够区分和偏好不同的颜色，再到能够识别和记住颜色。这一过程显示了婴儿视觉系统的迅速发展和复杂化。理解这些变化有助于更好地认识婴儿的认知发育过程，并为早期教育和家庭环境提供指导。通过提供丰富多彩的视觉刺激，可以促进婴儿的视觉和认知能力的发展，从而支持他们全面地成长与学习。

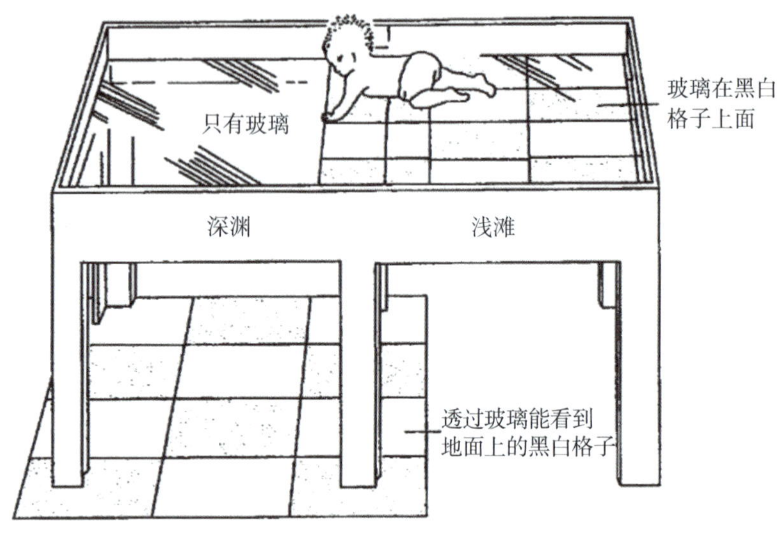

图 1-9　视觉悬崖

（二）幼儿期（2～6 岁）

儿童的幼儿期（2～6 岁）是心理发展中至关重要的阶段。在这一时期，孩子的大脑和心理经历了快速的发展和变化，为未来的社会、情感、认知和语言技能奠定了基础。理解这一阶段的关键发展过程，对于父母、教师和护理人员来说是至关重要的，因为他们的支持和引导可以极大地影响儿童的成长轨迹。

1. 社会与情感发展

在幼儿期，儿童的社会与情感发展是一个重要的课题。孩子们开始理解、表达和管理自己的情感，并学习如何与他人建立和维护关系。这一时期的情感发展对未来的社会交往和心理健康至关重要。

（1）情感理解与表达

幼儿期的孩子情感变化迅速，经常表现出情绪波动。通过父母和护理人员的示范和强化，孩子逐渐学会如何识别并表达自己的情感。比如父母可以通过提问和引导，帮助孩子反思自己的情绪和他人的感受，这有助于培养孩子的共情能力。

（2）社会关系与互动

在这一阶段，孩子的活动范围逐渐从家庭扩展到更广泛的社会，比如幼儿园。在这个过程中，他们学习与同龄人分享、合作和解决冲突。这些社会技能对于他们的学校适应和未来的社会交往非常重要。

2. 认知发展

认知发展是指孩子在思考、理解和解决问题方面的进步。幼儿期的认知发展为后续的学术和实际生活技能打下基础。儿童在 2 ~ 6 岁期间经历了显著的认知发展，这一阶段被称为皮亚杰（Jean Piaget）认知发展理论中的前运算阶段（Preoperational Stage）。在此期间，儿童开始从感知运动阶段向更抽象的思维方式转变，但仍然主要依赖具体的感知和符号思维来理解世界。以下是这一阶段的一些关键特点和发展里程碑。

（1）符号功能阶段（2 ~ 4 岁）

2 ~ 4 岁的儿童开始发展出符号功能，他们能够通过符号来代表真实世界的物体和事件。例如，儿童会使用一根棍子假装成剑，或通过绘画来表达他们的想法。这一阶段的孩子开始理解语言，并使用语言来交流和思考。

①符号代表性：儿童开始理解和使用符号，如用语言、图片或其他符号来代表具体的物体和事件。

②角色扮演：儿童开始进行角色扮演游戏，如假装自己是父母、医生等。这种游戏有助于他们理解社会角色和人际关系。

③象征性游戏：通过象征性游戏，儿童学会用一个物体来代表另一个物体，如用积木来代表汽车。

（2）直觉思维阶段（4 ~ 6 岁）

4 ~ 6 岁的儿童的思维开始从直觉和具体的感知转向更为逻辑化的思维。他们能够进行简单的推理，但这种推理通常是基于具体、直观的理解。

①直觉推理：儿童在解决问题时依赖于直觉而不是逻辑推理。例如，他们可能会认为较长的物体比较短的物体重，即使实际重量相同。

②分类和排序：儿童开始能够对物体进行分类和排序，例如，按颜色、形状或大小进行分组。

③数概念的形成：儿童开始理解数的概念，例如，能够数数并理解基本的数量关系。

（3）自我中心主义

皮亚杰指出，前运算阶段的儿童表现出明显的自我中心主义，即他们难以理解他人的观点和感受。例如，皮亚杰通过“三山实验”展示了这一点：当被要求描述从不同角度看到的山景时，儿童通常只能描述自己看到的景象，而无法理解别人看到的不同视角。

（4）保留概念的理解

保留概念（Conservation）指的是理解物体的某些性质（如数量、质量、体积）在外观变化时仍然保持不变。在前运算阶段，儿童通常无法理解这一点。例如，当把等量的液体从一个矮宽的杯子倒入一个高窄的杯子时，儿童通常认为高窄的杯子里的液体更多。

（5）语言发展

语言的发展是这一阶段的一个重要里程碑。语言是认知发展的核心组成部分。2 ~ 6 岁的孩子在词汇量、语法结构和语言理解方面迅速发展。父母和教师通过与孩子互动、讲故事和问问题，可以促进孩子的语言能力。

在这个阶段，儿童不仅能够学会说话，还开始使用语言来思考和解决问题。他们的词汇量迅速增加，语法和句法结构也变得更加复杂。

①词汇扩展：儿童的词汇量迅速增长，他们能够理解和使用更多的词语。

②语法和句法：儿童开始使用复杂的句子结构，能够表达复杂的思想和需求。

③故事叙述：儿童能够讲述简单的故事，展示他们对事件顺序和因果关系的理解。

（6）批判与现代观点

虽然皮亚杰的理论对理解儿童认知发展具有重要意义，但也存在一些批判与现代研究提出的新观点。一些研究表明，儿童在某些能力的发展上比皮亚杰认为的更早。例如，有研究发现，儿童在 4 岁左右就能够理解他人的视角，这比皮亚杰认为的年龄要早。

此外，现代研究还强调了社会和文化因素对儿童认知发展的影响。例如，维果茨基（Lev Vygotsky）认为，儿童的发展不仅依赖于内部的认知过程，还受到外部环境、文化和社会互动的显著影响。这一观点补充了皮亚杰的理论，强调了社会交互在认知发展中的重要性。

（7）思维与问题解决

幼儿期的孩子在思维方式上也发生了显著变化。他们开始发展基本的因果关系理解，并通过游戏和探索环境来解决问题。提供丰富的学习材料和鼓励探索活动，可以促进孩子的认知发展。

3. 生理与运动技能的发展

生理与运动技能的发展也是幼儿期的关键领域。通过身体活动，孩子不仅提高了体力和协调性，还促进了大脑的发育。

（1）粗大运动技能

粗大运动技能包括跑、跳、攀爬等活动。通过户外游戏和体育活动，孩子可以锻炼这些技能，提高身体素质和运动协调性 。

（2）精细运动技能

精细运动技能涉及手眼协调和小肌肉群的控制，比如握笔、剪纸等活动。通过绘画、拼图和手工制作，孩子可以发展这些技能，为未来的学习活动做好准备。

4. 培养儿童发展的策略

为了促进儿童在幼儿期的全面发展，父母和护理人员可以采取多种策略。

（1）提供安全和支持的环境

安全感和支持是孩子健康发展的基础。提供一个稳定、关爱的家庭环境，可以帮助孩子感到安全和被爱，从而更好地探索和学习。

（2）创造丰富的学习机会

通过提供各种学习资源和活动，孩子可以接触到不同的经验，促进各方面的发展。比如，通过阅读、游戏、艺术活动和户外探索，孩子可以全面发展认知、社交和运动技能 。

（3）积极的互动与交流

与孩子的积极互动和交流是关键。通过问问题、讲故事和参与孩子的活动，父母和养育人可以促进孩子的语言和社交技能发展，同时也能增进亲子关系。

（三）学龄期（6 ~ 12 岁）

儿童的学龄期（6 ~ 12 岁）是心理发展中的关键时期。在这段时间里，孩子们在认知、社会、情感和身体等各个方面都经历了显著的变化和成长。这一时期的经验和发展对他们未来的学术成就、社会关系和心理健康有着深远的影响。理解和支持这一阶段的心理发展，对家长和教育工作者来说至关重要。

1. 认知发展

学龄期儿童在认知方面的发展主要体现在思维方式、注意力和记忆力的提升。根据皮亚杰的认知发展理论，这一时期的儿童处于具体运算阶段，他们开始能够进行逻辑思考，但仍需要具体的事物和经验来支持其思维过程。

（1）具体运算阶段

根据瑞士心理学家让·皮亚杰的认知发展理论，6 ~ 12 岁的儿童处于具体运算阶段。在这一阶段，儿童能够进行逻辑推理，但这些推理仍然依赖于具体、现实的情境。他们开始理解因果关系，并能够进行简单的数学运算和分类。

主要特征：

①逻辑思维：儿童在具体运算阶段能够运用逻辑进行思考，但需要具体的物理对象作为支撑。他们可以理解事物的连续性和因果关系。

②去中心化：儿童开始理解其他人的观点，不再完全以自我为中心。他们能够意识到他人的感受和想法。

③守恒概念：这一阶段的儿童理解守恒的概念，即尽管物体的外观发生变化，其数量、体积或质量仍保持不变。

④分类和排序：儿童能够对物体进行分类和排序，理解事物之间的关系。

（2）语言和交流发展

语言的发展在儿童的认知发展中起着重要作用。6 ~ 12 岁的儿童语言能力迅速提高，他们能够理解并使用复杂的句子结构，能够使用丰富的词汇更准确地表达自己的想法和需求。

主要特征：

①语法和句子结构：儿童在这一阶段能够理解并使用更复杂的语法和句子结构。他们可以构建复杂的句子，并使用从句和连词。

②词汇量的增加：随着词汇量显著增加，在这一阶段儿童能够理解和使用更多的词汇来表达不同的概念和情感。

③阅读和写作：随着阅读和写作能力的提高，儿童能够更好地理解和分析文本内容，并能写出更连贯的文章。

（3）认知里程碑

6 ~ 12 岁的儿童会经历一些重要的认知里程碑。这些里程碑标志着他们思维能力的显著进步。

主要里程碑：

①问题解决和推理：儿童能够更加系统地解决问题，会考虑多个方面，并且能够运用逻辑推理找到解决方案。

②数学运算：这一阶段的儿童能够理解和进行基本的数学运算，如加减乘除；能够理解抽象的数学概念，并将其应用在实际问题中。

③科学探究：儿童开始对科学现象表现出浓厚的兴趣，会提出问题并通过实验和观察来寻找答案；他们能够理解简单的科学原理和规律。

（4）环境影响

儿童的认知发展不仅受遗传因素的影响，还受环境和经历的显著影响。家庭、学校和社区在儿童认知发展的过程中起着至关重要的作用。

主要影响因素：

①家庭环境：支持性和互动性的家庭环境能够促进儿童的认知发展。父母和照顾者的积极参与和引导对于儿童的学习和探索非常重要。

②教育质量：学校教育在儿童认知发展中起着关键作用。高质量的教育和适当的教学方法能够有效提高儿童的思维能力并激发学习兴趣。

③社会交往：同伴互动和社会交往有助于儿童的发展。他们通过与他人的交流和合作，学习社会规范和解决冲突的方法。

（5）逻辑思维与问题解决

在学龄期，儿童开始发展更复杂的逻辑思维能力，能够理解因果关系，并在解决问题时使用推理技巧。例如，他们能够理解数学中的基本概念，如加减法和乘除法，并能够应用这些技能来解决实际问题。

（6）记忆力和信息处理

学龄期儿童的记忆力和信息处理能力显著提高。他们能够记住更多的信息，并能够更有效地组织和检索这些信息。例如，孩子们在学校学习新知识时，能够通过重复和练习来巩固记忆，从而在考试中取得好成绩。

2. 社会与情感发展

社会与情感发展在学龄期起着至关重要的作用。孩子们在这一时期学会如何与他人建立和维持关系，发展自我意识和自尊感，并学会管理自己的情绪。

（1）友谊与同伴关系

在学龄期，友谊变得更加重要。孩子们开始重视与同伴的关系，并通过这些关系学习社交技能，如合作、分享和解决冲突。友谊不仅对孩子的社会发展有益，还能增强他们的情感支持和归属感。

（2）自我意识与自尊

在学龄期儿童的发展过程中，自我意识和自尊感逐渐增强。他们开始对自己的能力和特质有更清晰的认识，并且在学校和家庭中获得的反馈会影响他们的自我评价。积极的自我认知和高自尊感有助于孩子们在面对挑战时保持自信和坚持。

3. 道德与伦理发展

在学龄期，儿童的道德与伦理观念开始形成和发展。他们逐渐理解社会规范和规则，并开始内化这些规范，从而形成自己的道德判断和行为准则。

（1）道德推理

根据科尔伯格的道德发展理论，学龄期儿童正处于常规道德阶段。他们的道德判断主要基于遵守社会规则和期望，以获得他人的认可和避免惩罚。例如，他们理解公平和正义的重要性，并能够在具体情境中应用这些原则。

（2）伦理行为

在这一阶段，儿童开始表现出更多的亲社会行为，如帮助他人和分享。通过学校和家庭中的教育和榜样，他们学习到尊重他人、合作和同情心等价值观。

4. 生理与运动发展

学龄期的孩子在生理和运动技能方面也有显著发展。他们的身体逐渐长高长壮，运动协调性和灵活性也得到提高。

（1）粗大运动技能

学龄期儿童的粗大运动技能，如跑步、跳跃和投掷，显著提高。他们在体育活动和游戏中能够表现出更好的运动能力和协调性，这有助于他们的身体健康和整体发展。

（2）精细运动技能

精细运动技能的发展也在这一阶段取得进展。孩子们能够更加准确地进行书写、绘画和其他需要精细手部控制的活动。通过学校的手工制作和艺术课程，孩子们的精细运动技能得到进一步锻炼。

5. 教育与家庭支持

在学龄期，家庭和学校对儿童发展的支持和引导起着关键作用。通过提供积极的学习环境和情感支持，家长和教师可以帮助孩子在这一关键阶段健康成长。

（1）学校教育

学校教育在学龄期儿童的发展中扮演着重要角色。通过系统的知识传授和社会化过程，学校帮助孩子们提高学术能力和社会技能。教师的支持和指导对于孩子的学习动机和自尊感有着深远影响。

（2）家庭支持

家庭是儿童发展的基础。父母通过关心和支持，创造积极的家庭氛围，能够增强孩子的安全感和自信心。积极的亲子互动、合理的规则和期望，以及对孩子努力的认可，都有助于孩子在学龄期健康发展。

（四）青少年期（12 ~ 18 岁）

1. 身体发展

青少年期是个体由儿童向成年过渡的关键时期。青少年的生理和心理都发生了显著变化。在身体方面，青春期的开始通常标志着生长的加速和性成熟的发展。女孩通常在 10 岁到 14 岁之间，男孩通常在 12 岁到 16 岁之间。

（1）身体变化

①生长加速：青春期的早期阶段，青少年经历快速的身高和体重增长。女孩通常比男孩早出现这些变化；男孩在青春期的后期通常会追上并超过女孩的身高。

②性成熟：这包括女孩的乳房发育和月经初潮，男孩的睾丸和阴茎发育、声音变低等。身体的这些变化通常会导致青少年对自己的身体产生强烈的关注和自我意识。

（2）激素变化

激素的作用：激素（如雌激素和睾酮）的增加是青春期身体变化的主要推动力。这些激素不仅影响性特征的发育，还会影响青少年的情绪和行为。

2. 心理发展

青少年时期的心理发展包括认知、情感和社会领域的重大变化。

（1）认知发展

①抽象思维能力：青少年逐渐发展出抽象思维和推理能力，可以处理复杂的概念和假设情境。这种认知能力的发展使得他们能够更好地解决问题和进行计划。

②自我意识和自我认同：青少年开始更多地关注自己的身份和价值观，试图建立自己的自我认同。这一过程包括对自己的能力、兴趣和目标的反思。

（2）情感发展

①情绪波动：由于激素的变化和生活压力，青少年常常会经历情绪的剧烈波动。他们可能会表现出愤怒、焦虑、悲伤等情绪。

②寻求独立：青少年期是个体逐渐寻求独立的阶段。他们渴望从父母和家庭的控制中解脱出来，更多地依赖同伴和朋友的支持和认同。

（3）社会发展

①同伴关系：青少年的社会生活重心逐渐从家庭转向同伴。他们通过与同龄人的互动来学习社会技能和行为规范。

②恋爱关系：随着性成熟，青少年开始对浪漫和性关系感兴趣。恋爱关系的发展是青少年社会和情感发展的重要组成部分。

3. 关键阶段与挑战

在青少年期的各个阶段，个体会面临不同的挑战和发展任务。

（1）早期青少年期（12～14 岁）

①身体变化的适应：应对快速的身体变化和由此带来的自我意识和自尊问题。青少年需要学会接受和适应自己的新身体形象。

②家庭关系的调整：随着独立意识的增强，青少年与父母之间的冲突可能会增多，需要调整家庭关系和沟通方式。

（2）中期青少年期（15～17岁）

①自我认同的探索：这一阶段，青少年开始更多地探索自己的身份，包括职业兴趣、政治和宗教信仰等。这是建立稳定自我认同的关键时期。

②同伴压力和风险行为：中期青少年对同伴的依赖增加；容易受到同伴压力的影响，从事风险行为（如吸烟、饮酒、无保护性行为等）。

（3）晚期青少年期（18岁左右）

①独立和责任：这一阶段的青少年逐渐准备进入成年，面临更大的独立和责任。他们需要为离开家庭、进入大学或工作做好准备。

②长期关系的发展：晚期青少年期是建立深厚友谊和浪漫关系的重要时期，这些关系可能会影响他们未来的婚姻和家庭生活。

青少年期是个体发展中的一个关键阶段，涉及身体、认知、情感和社会方面的重大变化。理解这一阶段的关键发展任务和挑战，对于青少年本身以及他们的父母、教育者和社区支持者来说，都是至关重要的。青少年需要在一个支持和理解的环境中，顺利度过这一发展阶段，为成年生活奠定坚实的基础。

第二章

儿童青少年心理发展的常见问题与挑战

 探索婴儿内心世界的奥秘

任何对人类心理深感兴趣的人都无法忽视对婴儿主观经历的探究。婴儿是如何感知自我和他人的？在生命的最初阶段，他们是否已具备自我意识，或者是他人意识，抑或是这两者的某种结合？婴儿是如何将声音、动作、触觉、视觉和感觉融为一体，构建起一个完整的个体？或者他们是否直接识别出这种整体性？他们是如何经历与他人共处的社交场景的？与他人共同的经历是如何被记住、被遗忘或转化为心理表征的？在成长的过程中，他们是如何体验到亲密关系的？总的来说，婴儿是如何构建自己的内心世界的？

（一）婴儿期的自我发展

在探讨婴儿主观经历的过程中，任何对人类心理深感兴趣的人都无法忽视婴儿在生命初期的发展与感知。图 2-1 揭示了婴儿从出生到 3 岁期间自我感知的发展过程，显示了几个关键的里程碑和阶段。理解这些发展阶段不仅能帮助我们更好地了解婴儿的心理成长过程，也为我们揭示了人类自我意识和社交行为的基础。

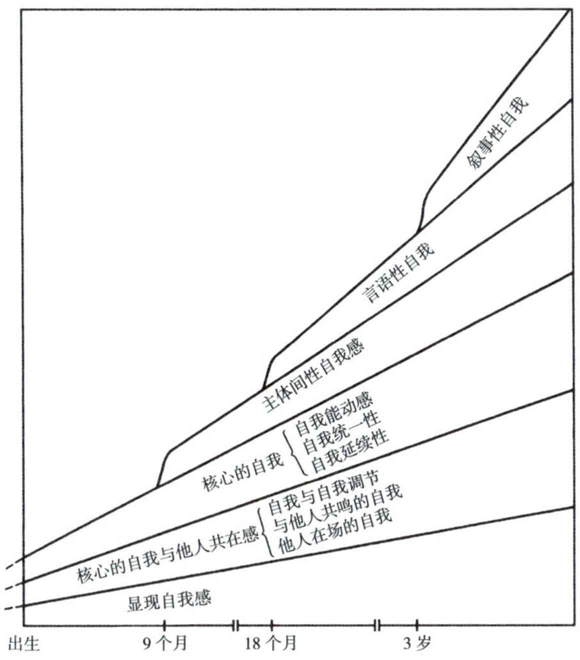

图 2-1　0～3 岁个体自我感知的发展过程

1. 显现自我感

图表中的第一个阶段是“显现自我感”，从出生开始一直持续到大约 9 个月。在这个阶段，婴儿逐渐对自己与外界的关系有了一定的感知。这种感知并非明确的自我意识，而是一种初步的自我感知。

（1）视觉与触觉的融合

在生命最初的几个月里，婴儿主要通过视觉和触觉来探索世界。他们通过看和触摸来了解周围的环境和自己的身体。例如，当婴儿看到自己的手并试图抓住它时，他们正在建立身体的自我感知。这种早期的感知为以后的自我认知打下了基础。

（2）声音与动作的互动

婴儿也通过声音和动作来感知自己和他人。哭泣是婴儿最早的沟通方式之一，他们通过哭声来表达需求和情绪。随着时间的推移，婴儿开始回应他人的声音，特别是父母的声音。这种互动不仅有助于情感联系的建立，也有助于自我与他人感知的早期发展。

2. 核心的自我与他人共在感

大约在 9 个月时，婴儿进入了“核心的自我与他人共在感”阶段。在这一阶段，婴儿开始意识到自己与他人的关系，并通过互动来进一步发展这种感知。

（1）共同注意的建立

共同注意是这一阶段的重要标志之一。婴儿开始能够跟随他人的视线或指示来关注某个物体或事件。这表明他们不仅能够感知自己的关注点，也能够理解他人的关注点。这种能力是社交互动和沟通的基础。

（2）社交微笑与情感交流

婴儿在这一阶段也开始展现出更多的社交微笑，并通过微笑来回应他人的情感。这种情感交流不仅增强了婴儿与他人之间的情感联系，也进一步促进了自我与他人感知的整合。

3. 核心的自我

大约在 18 个月时，婴儿进入了“核心的自我”阶段。在这一阶段，婴儿开始形成更明确的自我意识，并能够通过自己的行动来表达这种意识。

（1）镜像自我识别

镜像自我识别是这一阶段的一个显著特征。研究表明，当婴儿在镜子中看到自己时，他们能够认出镜中的形象是自己。这表明婴儿已经具备了一定的自我意识，能够区分自我与他人。

（2）自主行动与探索

在这一阶段，婴儿的自主行动和探索也显著增加。他们开始独立行走、攀爬，并通过探索环境来进一步认识自己和世界。这种自主探索不仅促进了认知发展，也增强了自我意识。

4. 主体间性自我感

2 岁左右，婴儿进入了“主体间性自我感”阶段。在这一阶段，婴儿不仅能意识到自己的存在，也能够理解并调节与他人的关系。

（1）情感调节与同理心

婴儿在这一阶段展现出更多的情感调节能力和同理心。他们能够理解他人的情感，并通过自己的行为来回应他人的情感需求。例如，当看到其他小朋友哭泣时，婴儿可能会试图安慰他们，表明他们已经开始理解他人的情感状态。

（2）社交角色的理解

婴儿在这一阶段也开始理解并扮演不同的社交角色。他们能够在游戏中模仿成人的行为，并通过角色扮演来理解社会规则和角色关系。这种对社交角色的理解是进一步社会化的基础。

5. 言语性自我

3 岁时，婴儿进入了“言语性自我”阶段。在这一阶段，言语的发展显著增强了自我意识和社交能力。

（1）语言表达与自我描述

语言的发展使婴儿能够更清晰地表达自己的感受、需求和想法。他们能够用语言来描述自己和他人的行为。这不仅增强了自我意识，也促进了与他人的沟通和互动。

（2）复杂的社交互动

言语能力的发展使得婴儿能够参与更复杂的社交互动。他们能够通过对话来建立和维持社交关系，并通过语言来解决冲突和表达情感。这种复杂的社交互动进一步增强了他们的社会认知和自我意识。

通过对婴儿自我感知发展阶段的探讨，我们可以看到婴儿在生命初期的迅速发展。他们通过视觉、触觉、声音和动作逐步建立起自我意识，并通过与他人的互动进一步发展这种意识。每个阶段都有其独特的特点和里程碑，但所有阶段共同构成了一个不断发展的过程，最终使婴儿形成了完整的自我感知和社交能力。

6. 叙事性自我

个体对过去、现在和未来的自我的理解。

（二）婴幼儿心理发展的社会热点

1. 早期干预和教育

越来越多的研究表明，早期的心理干预和教育对婴幼儿的长期发展具有深远的影响。社会上对于如何在早期阶段支持婴幼儿心理健康的讨论逐渐增多，尤其是通过亲子互动、游戏和教育活动来促进婴儿的心理发展。

2. 亲子关系和依恋理论

亲子关系在婴幼儿心理发展中的重要性被广泛认可。依恋理论（Attachment

Theory）指出，安全的依恋关系对于婴幼儿的情感安全感和社会性发展至关重要。因此，如何建立和维护健康的亲子关系成为一个重要的社会热点。

3. 心理健康与行为问题

随着对婴幼儿心理健康问题的关注增加，早期行为问题（如哭闹、睡眠问题、进食困难等）的识别和干预也成为一个重要议题。早期的心理健康支持能够有效预防和减少后期的行为问题。

（三）婴幼儿的分离焦虑与依恋关系

分离焦虑是指婴儿在与主要照料者分开时的强烈焦虑和不安的情绪。弗洛伊德认为，1/3 的婴儿对母亲（或主要照料者）的焦虑情绪一直持续。通常，分离焦虑在 612 天内达到高峰，这是由于婴儿时期的焦虑持续存在，可能会影响婴儿的成长过程和安全性，导致他们在成长过程中缺乏自信心。在 2 ~ 3 月龄时，婴儿似乎有了明显的转变，给人一种焕然一新的感觉。当他们参与社会性互动时，显得更加整合和协调。在人际关系中，他们的行为、计划、情感、知觉和认知能够更好地启动并集中。这并不仅仅是婴儿变得更会社交、更有条理或更聪明，还是他们表现出一种更具组织性的知觉，仿佛拥有了对自己作为一个独立、统一个体的综合感受，能够控制自己的行为，拥有情感的归属感和连续性，同时也能感受到他人作为独立反应物的存在。此时，周围的人也开始将他们视为完整且具有自我感的人来对待。

尽管婴儿在这一阶段的变化给人留下深刻印象，但主流的临床发展理论并没有完全反映出婴儿已经具备自我感的形象。相反，这些理论普遍认为婴儿在相当长的一段时间内经历了自我与他人未分化的阶段，并且这种分化通常要在接近 1 岁时才逐渐显现。一些精神分析发展理论，尤其是由玛格丽特 · 马勒（Margaret Mahler）提出的理论，认为婴儿在这一未分化阶段中体验的是一种与母亲的融合或“二元体”（Dual-Unity）状态。这种状态被称为“正常共生”（Normal Symbiosis）阶段，大致从出生后 2 个月持续到 7 或 9 个月。该“二元体”状态被视为一种背景，婴儿逐渐从中分离、个体化，直至形成明确的自我和他人感。

依恋关系是指婴儿与主要照料者之间形成的情感纽带，这种关系在婴儿的心理和情感发展中起着重要作用。通过观察婴儿与照料者之间的互动，研究者能够确定不同类型的依恋关系。最著名的实验方法是玛丽·艾恩斯沃斯（Mary Ainsworth）及其同事在 20 世纪 70 年代进行的“陌生情境实验”（Strange Situation Procedure）。在这个实验中，研究者观察婴儿在与母亲分离和重聚时的行为反应，以确定其依恋类型。依恋关系通常分为四种类型：安全依恋、不安全—回避依恋、不安全—矛盾依恋和不安全—混乱依恋。以下是对这四种依恋关系的详细论述及其实验观察结果。

1. 安全依恋（Secure Attachment）

实验观察：在陌生情境实验中，安全依恋的婴儿在母亲在场时会自由地探索新环境，并且在感到不安时会寻求母亲的安慰。当母亲离开房间时，婴儿会表现出明显的分离焦虑，但当母亲返回时，婴儿能够迅速恢复平静，并继续探索活动。母亲的回归对婴儿来说是安慰的主要来源，这表明婴儿对母亲的依赖和信任。

特征：

探索行为：母亲在场时，婴儿能够积极探索环境。

分离反应：母亲离开时，婴儿表现出明显的焦虑和不安。

重聚反应：母亲返回时，婴儿迅速恢复平静并重新投入探索活动。

情感反应：婴儿在母亲在场时表现出安全感和依赖感。

研究发现，安全依恋的婴儿通常有一个敏感、响应性高的照料者。这些照料者能够及时响应婴儿的需求，并提供稳定和一致的情感支持。研究表明，安全依恋的婴儿在后来的生活中更可能表现出较高的自尊、良好的社交技能和较低的焦虑水平。

2. 不安全—回避依恋（Insecure-Avoidant Attachment）

实验观察：在陌生情境实验中，不安全—回避依恋的婴儿在母亲离开房间时表现出较少的情绪反应，并且在母亲返回时也不寻求接近或安慰。这些婴儿在母亲在场时表现出对环境的探索，但当感到不安时，他们倾向于忽视母亲的存在，并试图独自处理压力。

特征：

探索行为：母亲在场时，婴儿看似积极探索环境，但实际上与母亲保持距离。

分离反应：母亲离开时，婴儿表现出较少的焦虑和情绪反应。

重聚反应：母亲返回时，婴儿不会主动寻求接触或安慰，并且可能表现出回避行为。

情感反应：婴儿对母亲的存在表现出冷漠和独立。

研究发现，不安全—回避依恋的婴儿通常有一个情感冷漠或响应性不高的照料者。这些照料者可能在婴儿表达需求时忽视或拒绝他们，导致婴儿发展出回避依赖的行为模式。研究表明，这类婴儿在后来的生活中可能会遇到情感表达和亲密关系方面的困难。

3. 不安全—矛盾依恋（Insecure-Ambivalent Attachment）

实验观察：在陌生情境实验中，不安全—矛盾依恋的婴儿在母亲离开房间时表现出极度的焦虑和不安，并且在母亲返回时难以安慰。这些婴儿在重聚时表现出矛盾的情绪反应，一方面希望接近母亲，另一方面又表现出抵触和愤怒。

特征：

探索行为：母亲在场时，婴儿对环境探索表现出不稳定和依赖母亲。

分离反应：母亲离开时，婴儿表现出强烈的焦虑和不安。

重聚反应：母亲返回时，婴儿表现出矛盾的情绪反应，既想接近又表现出抵触和愤怒。

情感反应：婴儿对母亲的存在表现出高度依赖和情感矛盾。

研究发现，不安全—矛盾依恋的婴儿通常有一个情感反应不一致的照料者。这些照料者有时能够响应婴儿的需求，但有时又表现出忽视或冷漠。研究表明，这类婴儿在后来的生活中可能会表现出情绪不稳定和对亲密关系的高度依赖。

4. 不安全—混乱依恋（Insecure-Disorganized Attachment）

实验观察：在陌生情境实验中，不安全—混乱依恋的婴儿在与母亲分离和重聚时表现出混乱和矛盾的行为模式。这些婴儿可能在母亲返回时表现出极度的焦虑、不安和行为混乱，如来回走动、躲避母亲，甚至表现出恐惧。

特征：

探索行为：母亲在场时，婴儿对环境探索表现出混乱和无序。

分离反应：母亲离开时，婴儿表现出极度的焦虑和行为混乱。

重聚反应：母亲返回时，婴儿表现出混乱和矛盾的行为反应，既想接近又表现出恐惧和回避。

情感反应：婴儿对母亲的存在表现出极度的不安和混乱。

研究发现，不安全—混乱依恋的婴儿通常有一个不一致或虐待性的照料者。

这些照料者可能在情感上不稳定，甚至对婴儿表现出威胁和恐惧。研究表明，这类婴儿在后来的生活中可能会遇到严重的心理健康问题，如创伤后应激障碍（PTSD）、情感障碍和行为问题。

陌生情境实验通过观察婴儿在分离和重聚情境中的行为反应，揭示了不同类型的依恋关系。这些实验结果不仅帮助我们理解婴儿早期情感发展的机制，还为心理健康和育儿实践提供了宝贵的指导。通过了解依恋关系的类型及其影响，家长和照料者可以采取更有效的养育策略，促进婴儿的健康发展和心理幸福。

（四）婴儿的情感表达与调节

婴儿的情感表达和调节是其心理发展中至关重要的方面。这些早期情感体验和调节能力不仅影响婴儿当前的生活质量，还对其未来的心理健康和人际关系有深远的影响。通过理解婴儿如何表达和调节情感，家长和照料者可以更好地支持婴儿的情感发展。

1. 新生儿期的情感表达

新生儿期的情感表达主要是通过哭声、面部表情和身体动作来实现的。哭声是新生儿最显著的情感表达方式，通常表示饥饿、不适、疲劳或需要安慰。研究表明，新生儿的哭声具有特定的音调和节奏，能够引起照料者的关注和回应。

新生儿的面部表情也能传达情感，例如，愉快（微笑）、不快（皱眉）和惊讶（睁大眼睛）。这些表情通常与生理状态和刺激反应有关。例如，婴儿在感到满足或被轻柔抚摸时会微笑，而在感到疼痛或不适时会皱眉和哭泣。

2. 3 ~ 6 月龄的情感表达

3 ~ 6 月龄时，婴儿的情感表达会变得更加丰富和复杂。他们开始展现出更多样的情感，例如，快乐、悲伤、愤怒和恐惧。这个阶段的婴儿通过更多的非言语信号（如不同的哭声、笑声和咿呀声）与外界沟通。

婴儿的微笑在这个阶段变得更加频繁和有目的性，尤其是在社交互动中。例如，当婴儿看到熟悉的面孔或听到愉快的声音时，他们会主动微笑以示回应。这种社交微笑被认为是婴儿情感表达和社交互动的重要标志。

3. 6 ~ 12 月龄的情感表达

6 ~ 12 月龄是婴儿情感表达的一个重要发展阶段。在此期间，婴儿开始表现出更多的情感区分，并且能够对复杂的情感刺激作出反应。他们的情感表达不仅仅是对生理需求的反应，还包括对社交情境和人际关系的反应。

例如，婴儿在母亲离开房间时可能表现出分离焦虑（哭泣、焦躁不安），而在母亲返回时表现出重聚喜悦（欢笑、依偎）。这表明婴儿已经开始理解和回应社会环境中的情感线索。

（五）支持婴儿情感表达与调节的策略

为了促进婴儿情感表达和调节能力的发展，家长和照料者可以采取以下策略：

1. 提供安全和稳定的环境

创建一个安全和稳定的家庭环境是支持婴儿情感调节的基础。稳定的家庭环境能够为婴儿提供情感支持，减少不必要的压力和情感冲突。

2. 给予及时和一致的回应

照料者应及时察觉婴儿的情感需求并给予一致的回应。敏感和响应性的照护行为有助于婴儿建立情感安全感和有效的情感调节策略。

3. 鼓励情感表达

鼓励婴儿自由地表达情感并给予积极地反馈。这不仅能够帮助婴儿理解和管理情感，还能增强其自我表达和情感交流的能力。

4. 提供情感支持和指导

在婴儿感到情感困扰时，照料者应提供情感支持和指导。例如，当婴儿感到焦虑或害怕时，可以通过安抚和解释来帮助其理解和应对情感。

5. 促进社交互动

通过促进婴儿与他人的社交互动，帮助其发展情感调节能力。社交互动不仅能够提供情感支持，还能为婴儿提供学习和模仿情感调节策略的机会。

婴儿的情感表达和调节是其心理发展中至关重要的方面。通过理解和支持婴儿的情感表达和调节，家长和照料者可以帮助婴儿建立有效的情感调节策略，促进其健康的心理发展和积极的人际关系。尽管婴儿的情感调节能力受到生理机制、行为策略和社会环境的多重影响，但通过提供安全、支持和积极的环境，可以有效地促进婴儿情感调节能力的发展。

二　幼儿期的心理挑战

幼儿期是个体心理发展的钥匙阶段，这一时期的心理挑战不仅影响儿童当前的生活质量，更会对未来的心理健康和人格产生深远的影响。幼儿这一阶段面临着众多心理挑战，如情感依恋的建立、自我意识的觉醒、社交技能的初步形成以及对环境和规则的适应。这些挑战不仅反映在表面上，更深植于儿童的内心世界。了解和应对这些心理挑战，不仅需要科学的知识和专业的技巧，更需要我们有对儿童内心世界的深刻洞察和共情能力，从这开始，我们才能真正帮助儿童度过这一充满挑战但又至关重要的成长阶段。

（一）幼儿常见心理问题

1. 分离焦虑

表现：幼儿在与父母分离时会表现出强烈的不安和哭闹，特别是在进入幼儿园或面对陌生环境时。

原因：与父母的依恋关系过于紧密，缺乏独立性的培养。

2. 情绪管理问题

表现：幼儿情绪波动大，易怒、哭闹、发脾气等情绪失控行为常见。

原因：自我控制能力尚未发展完全，缺乏情绪表达和管理的正确引导。

3. 社交障碍

表现：难以与同龄人建立友谊，表现出孤僻、退缩或攻击性行为。

原因：社交技能尚未发展成熟，可能与家庭环境或教育方式有关。

4. 自尊心问题

表现：自我评价低，容易感到失败和挫败。

原因：来自父母或教育者的过高期望或负面评价，缺乏积极的肯定和鼓励。

（二）自主性与羞怯感的冲突

自主性和羞怯感的冲突是幼儿心理发展中的一个常见现象。自主性是指幼儿在活动中表现出的独立性和自主决策能力，而羞怯感则是幼儿在面对新环境或陌生人时表现出的不安和退缩。

1. 冲突表现

幼儿在希望探索和表现自主性的同时，因羞怯感而退缩，不敢尝试新事物。在社交场合中，幼儿想要参与互动，但因羞怯而感到不安，无法主动表现自己。

2. 影响

自主性发展受限：羞怯感可能阻碍幼儿的自主性发展，影响其自信心和独立性。

社交技能欠缺：长期的羞怯感可能导致幼儿缺乏社交经验和技能，影响其与同龄人的互动。

3. 解决策略

（1）提供安全感

为幼儿创造一个安全和支持的环境，给他们足够的时间和空间去适应新环境。鼓励幼儿表达自己的感受和需求，给予积极的回应和肯定。

（2）逐步引导

逐步增加幼儿的社交机会，帮助他们逐渐适应不同的社交情境。在熟悉的环境中引入新事物和新朋友，帮助幼儿建立自信。

（3）正向鼓励

对幼儿的自主行为给予积极的鼓励和表扬，增强其自信心。通过游戏和活动，让幼儿在轻松愉快的氛围里发展自主性和社交技能。

（4）家长示范

家长可以通过自己的行为示范，向幼儿展示积极的社交技巧和自主行为。鼓励家长与幼儿共同参与社交活动，帮助其逐渐克服羞怯感。

总之，自主性与羞怯感的冲突是幼儿成长过程中常见的问题。通过提供安全感、逐步引导、正向鼓励和家长示范，帮助幼儿克服羞怯感，促进自主性的发展，使他们在社交和学习中更加自信和独立。

（三）语言发展与社交行为

幼儿的语言发展与社交行为密切相关，两者相互影响，共同促进幼儿的全面成长。

1. 语言发展的阶段

婴儿期（0 ~ 1 岁）：主要是通过哭泣、咿呀学语和模仿声音来进行语言交流。

幼儿早期（1 ~ 3 岁）：词汇量迅速增加，开始使用简单的句子表达需求和情感。

学龄前期（3 ~ 6 岁）：语言表达更为复杂，能够讲述简单的故事，参与更复杂的对话。

2. 语言发展的重要性

沟通工具：语言是幼儿表达需求、情感和想法的主要工具。

认知发展：语言能力的发展促进了幼儿的思维能力、记忆力和理解力。

社交技能：语言是与他人建立联系、进行互动的重要手段。

3. 社交行为的表现

（1）互动能力：与同龄人和成人进行互动，如分享、合作、交流等。

（2）情感表达：通过语言和非语言手段表达情感，如高兴、愤怒、悲伤等。

（3）社交规则：理解和遵守社交规则，如轮流、礼貌用语、解决冲突。

4. 社交行为的重要性

（1）建立关系：通过社交行为帮助幼儿建立友谊和人际关系。

（2）情感支持：通过社交互动获得情感支持和归属感。

（3）社会适应：社交技能是适应学校和社会生活的基础。

5. 语言发展与社交行为的相互影响

（1）语言发展促进社交行为

① 有效沟通：良好的语言能力使幼儿能够更清楚地表达自己，提高社交互动的质量。

② 解决冲突：语言能力使幼儿能够通过对话解决冲突，而不是依靠身体行为。

③ 参与社交活动：语言能力强的幼儿更容易参与各种社交活动，拓宽社交圈。

（2）社交行为促进语言发展

① 互动学习：通过与他人的互动，幼儿可以学习新的词汇和句型，提高语

言能力。

② 情境对话：社交情境提供了丰富的语言实践机会，使幼儿能够在真实情境中使用语言。

③ 模仿与反馈：幼儿在社交互动中模仿他人的语言表达，并通过他人的反馈不断调整和完善自己的语言能力。

6. 促进语言发展与社交行为的策略

（1）营造语言丰富的环境

提供丰富的语言输入，如读书、讲故事、唱儿歌。与幼儿进行日常对话，鼓励他们表达自己的想法和感受。

（2）提供社交机会

创造与同龄人互动的机会，如参与游戏小组、幼儿园活动。鼓励幼儿参加社交活动，如生日聚会、社区活动。

（3）引导积极的社交行为

教导幼儿基本的社交规则和礼貌用语。通过角色扮演和情景模拟，帮助幼儿练习社交技能。

（4）支持与鼓励

对幼儿的语言和社交尝试给予积极的反馈和鼓励。帮助幼儿理解和处理社交中的挫折和冲突。

语言发展和社交行为是幼儿成长过程中相辅相成的重要方面。通过营造语言丰富的环境、提供社交机会、引导积极的社交行为，并给予支持和鼓励，可以有效促进幼儿的语言能力和社交技能的发展，使他们在未来的学习和生活中更加自信和成功。

三 学龄期的心理困境

学龄期（6 ~ 12 岁）是儿童从幼儿园过渡到小学，再到初中的重要时期。这一阶段的儿童开始接触更为正式和系统的学习环境，同时也面临着社交、情感和认知上的多重挑战。随着学校课程的加深，学龄期儿童可能会感受到来自学业成绩的压力，这种压力可能来自家长、老师或同龄人的比较。同时，儿童可能会出现对学习的兴趣下降，缺乏内在动机，这可能与学习内容的吸引力、教学方法或个人兴趣有关。

学龄期儿童开始更加重视同伴关系，可能会遇到友谊问题，如排斥、欺凌或社交技能不足。随着同伴的影响力增强，儿童可能会为了融入群体而做出不符合自己意愿的行为。在这一阶段，儿童开始形成更为复杂的自我概念，对自己的能力、外貌和性格有更多的思考，可能会因为学业成绩、体育能力或社交地位而产生自尊问题。

随着认知和情感的发展，学龄儿童可能会经历情绪波动，有时难以理解和表达自己的情感。儿童可能缺乏有效的情绪调节和应对压力的策略，这可能导致焦虑、抑郁或其他情绪问题。家庭环境对学龄儿童的心理健康有重要影响，缺乏家庭支持可能导致儿童感到孤立无援。学校氛围、师生关系和同伴互动都会影响儿童的心理状态。

如果学龄期儿童的心理问题得不到及时和有效的处理，可能会导致长期的负面影响。学业压力可能导致学习倦怠和成绩下降，甚至产生逃避学校的行为。同伴关系问题可能影响儿童的社交技能和自尊心，导致孤立和抑郁。长期的压力和情绪问题可能发展成更严重的心理障碍，如焦虑症和抑郁症。

为了帮助儿童更好地应对这一阶段的挑战，可以通过多样化的教学方法和鼓励探索性学习，提高儿童的学习兴趣。通过角色扮演、团队合作等活动，帮助儿童发展社交技能，教会儿童认识和表达情绪，学习基本的情绪调节技巧。学龄期儿童的心理健康问题需要家庭、学校和社会的共同关注。通过提供适当的支持和干预，可以在帮助儿童建立健康的应对机制的同时，促进其全面发展，预防未来可能出现的心理和行为问题。

（一）学校压力与学习动机

学龄期的孩子们，就像小树苗一样，在知识的土壤中慢慢成长。但在这个过程中，他们不仅要面对风吹雨打，还要应对来自学校的无形压力。想象一下，每天面对堆积如山的作业和频繁的考试，孩子们幼小的心灵怎能不感到压力巨大呢。这种压力，有时候就像是一块沉重的石头，压在孩子们的肩膀上，让他们喘不过气。

而说到学习动机，这可是个让人头疼的问题。如果学习内容像是一碗无味的白开水，孩子们自然提不起兴趣。他们需要的是色彩斑斓的调料，让学习变得有趣起来。如果孩子们感觉自己的努力像是在沙漠中种树，看不到成果，那么他们的学习热情自然会像沙漠中的水一样迅速蒸发。

那么，我们该如何是好呢？首先，让我们给孩子们减减压，不要让作业和考试成为他们的噩梦。其次，让我们给学习加点料，用丰富多彩的教学方法和实践活动，点燃孩子们的好奇心和探索欲。最后，别忘了给孩子们正面的激励，让他们知道，每一点努力都是值得的，每一次进步都值得庆祝。

通过这些小小的改变，我们可以帮助孩子们在学龄期这个关键阶段，不仅能够承受住学校的压力，还能够找到学习的乐趣，让他们的成长之路充满阳光和欢笑。

（二）学龄期的社交圈与同伴的影响

1. 学龄期社交圈的形成与发展

在学龄期，孩子们的社交圈就像是一片新生的森林，每棵树都在寻找自己的位置，每片叶子都在阳光下舒展。这个时期，孩子们从家庭的温暖怀抱走向学校的广阔天地，开始编织属于自己的社交网络。

学校是孩子们社交圈的摇篮。在这里，他们不再是家庭中的小宝贝，而是班级这个大家庭中的一员。他们开始学习如何与同龄人相处，如何分享玩具，如何在游戏中合作。这些看似简单的互动，却是他们社交技能的基石。孩子们在这个过程中，逐渐学会了倾听他人，表达自己，以及如何处理小小的争执。

随着时间的推移，孩子们的社交圈开始扩展。他们不再满足于仅仅是班级里的朋友，课外活动、兴趣小组、社区活动都成了他们结交新朋友的地方。这些新的社交场合，让孩子们有机会接触到不同背景的小伙伴，拓宽了他们的视野，丰富了他们的社交经验。

在这个过程中，家庭的影响依然不可小觑。家长的社交行为和价值观，就像是无形的指南针，引导着孩子们在社交的海洋中航行。家长的鼓励和支持，可以帮助孩子们建立自信，勇敢地迈出社交的第一步。而家长的沟通技巧，也会在潜移默化中影响孩子们的社交方式。

个性特征在这个阶段也开始显现。有的孩子天生外向，喜欢与人交往，他们的社交圈自然广阔；而有的孩子则比较内向，他们可能更倾向于与少数几个亲密的朋友深交。这些个性差异，使得每个孩子的社交圈都独一无二。

教育在这个阶段扮演着重要的角色。学校不仅仅是知识的传授者，更是社交技能的培养者。通过各种课堂活动和课外项目，帮助孩子们学习如何与人沟通，如何建立和维护友谊。情感教育也不容忽视，它教会孩子们如何理解和管理自己的情绪，如何在社交中保持彼此真诚和尊重。

总之，学龄期的社交圈是孩子们成长的重要组成部分。它不仅仅是孩子们结交朋友的地方，更是他们学习社会规则、培养人际关系能力的实验室。通过这个过程，孩子们逐渐成长为能够独立思考、自信表达、善于合作的个体。而这，正是他们未来社会生活的重要基石。

2. 同伴关系对心理健康的影响

在孩子的成长旅程中，同伴关系就像是一把双刃剑，既能照亮孩子们的心灵，也可能在不经意间留下伤痕。对于孩子们来说，同伴关系是他们心理健康的一面镜子，映照出他们的快乐与忧愁。

回想一下，当你还是个孩子的时候，有没有那么一群小伙伴，他们的笑声和鼓励让你觉得世界充满了色彩？这就是良好同伴关系的魅力。它们像是一股温暖的春风，吹拂着孩子的心田，让孩子在面对困难时感到不再孤单。在这样的关系中，孩子们学会了分享，学会了合作，更重要的是，学会了如何去爱和被爱。这些经历，无疑是孩子们心理健康的宝贵财富。

然而，同伴关系并非总是阳光普照。有时候，它也可能是一片阴云，遮蔽了我们的心灵。欺凌、排斥、误解，这些负面经历可能会在孩子们的心中留下深深的痕迹。它们可能会让孩子们感到自卑，感到焦虑，甚至开始怀疑自己的价值。在这样的阴影下，孩子们的心理健康就像是一朵脆弱的花，需要更多的关爱和呵护。

那么，该如何应对这些挑战呢？首先，家庭是孩子的避风港。父母和家人的理解和支持，可以帮助孩子们建立起坚强的内心。他们教会孩子们如何识别和建立健康的同伴关系，如何在遇到困难时寻求帮助。

学校也是孩子们成长的重要场所。老师们不仅传授知识，更是孩子们心理健康的守护者。他们通过各种活动和课程，教会孩子们如何与人沟通，如何处理冲突，如何成为一个有责任感和同情心的人。

当然，社会资源也不可或缺。专业的心理健康服务，社区的支持网络，都是孩子们在面对同伴关系挑战时的坚强后盾。

总之，同伴关系对孩子们的心理健康有着不可忽视的影响。它既可以是孩子们的快乐源泉，也可以是孩子们的痛苦之源。但只要孩子们学会如何去爱，如何去被爱，如何去建立和维护健康的关系，孩子们的心理健康就能像那朵在风雨中依然绽放的花朵，坚韧而美丽。

3. 如何培养积极的同伴关系

培养积极的同伴关系是儿童青少年成长过程中的重要一环，它不仅有助于孩子们的心理健康，还能促进社交技能的发展。以下是一些实用的策略，可以帮助孩子们建立和维护积极的同伴关系：

（1）树立榜样

家长和教师应该通过自己的行为来树立积极的社交榜样。孩子们往往会模仿大人的行为，因此，通过展示如何友好、尊重和理解他人，可以有效地引导孩子们学习这些重要的社交技能。

（2）鼓励社交互动

鼓励孩子们参与各种社交活动，如团队运动、俱乐部、兴趣小组等。这些活动不仅能够帮助孩子们结识新朋友，还能让他们在实践中学习如何与人合作和沟通。

（3）教授社交技能

通过角色扮演、情景模拟等教育活动，教授孩子们基本的社交技能，如倾听、表达、解决冲突等。这些技能对于建立和维护积极的同伴关系至关重要。

（4）培养同理心

教育孩子们理解和尊重他人的感受和观点。通过阅读、讨论和参与社区服务等活动，帮助孩子们培养同理心，这是建立深厚友谊的基础。

（5）鼓励积极的同伴选择

引导孩子们选择那些能够提供积极影响的朋友。家长和教师可以通过讨论和分享，帮助孩子们识别哪些同伴关系是有益的，哪些可能是有害的。

（6）提供支持和指导

当孩子们在同伴关系中遇到困难时，家长和教师应该提供必要的支持和指导。这包括倾听他们的烦恼、提供解决问题的方法，或者在必要时介入帮助。

（7）强调团队精神

通过团队项目和活动，强调团队精神和集体荣誉感。这有助于孩子们学会在集体中发挥作用，同时也能够增强他们与同伴之间的联系。

（8）鼓励自我表达

鼓励孩子们表达自己的想法和感受，同时也要学会尊重他人的表达。这有助于建立开放和诚实的沟通环境，促进同伴之间的理解和信任。

四 青少年时期的主要挑战

（一）自我认同与价值观形成

1. 青少年自我认同的探索之旅

在青少年的成长旅程中，自我认同就像是一幅未完成的画作，需要他们亲手添上每一抹色彩。这个过程充满了探索和发现，让我们一起来看看这个旅程中的几个重要站点。

自我认同是什么？

简单来说，自我认同就是青少年对自己的认识和理解。它包括了他们的性格、兴趣、价值观和梦想。这就像是在心中绘制一张自己的地图，帮助他们在这个复杂的世界中找到自己的位置。

什么会影响我们的自我认同呢？

（1）家庭的影响：父母的影子

家庭是青少年自我认同的起点。父母的言行就像是一面镜子，孩子们从中看到自己的影子。父母的支持和鼓励，就像是温暖的阳光，照亮孩子们的自我认同之路。而父母的期望和批评，则可能成为路上的荆棘，需要孩子们小心地绕过。

（2）学校与教育：教师和同学的画笔

学校是青少年自我认同的另一个重要舞台。在这里，教师和同学就像是画笔，共同在孩子们自我认同的画布上作画。教师的认可和同学的友谊，能够为这幅画增添亮丽的色彩。而学校中的挑战和竞争，则是孩子们成长中不可或缺的磨砺。

（3）朋友和同伴：同龄人的共鸣

同龄人在青少年自我认同的形成中扮演着特殊的角色。朋友和同伴的价值观和兴趣，往往能够引起青少年的共鸣。他们在一起分享快乐，分担忧愁，共同探索自我和世界的奥秘。

（4）媒体和文化：信息时代的浪潮

在信息时代，媒体和文化对青少年的自我认同有着不可忽视的影响。电视、电影、网络和社交媒体上的形象和信息，就像是海浪，不断地冲击着青少年的自我认同之岸。青少年需要学会在信息的海洋中畅游，找到属于自己的航道。

在这个自我认同的探索之旅中，青少年需要不断地尝试、反思和调整。家庭、学校和社会应该成为他们的灯塔，为他们提供方向和支持，陪伴青少年，帮助他们在自我认同的画布上，绘制出独一无二的自己。

2. 青少年价值观的形成

在青少年的成长旅程中，价值观就像是一本指南书，帮助他们在生活的迷宫中找到方向。

价值观是什么？

简单来说，价值观就是青少年心中的罗盘。它指引着他们的行为，影响着他们对社会和他人的看法。这不仅仅是一套规则，更是他们内心深处的信念和态度。

青少年的价值观形成之旅通常会经历几个有趣的阶段：

（1）接受阶段：父母的智慧

在这个阶段，青少年就像是一块海绵，从父母和教师那里吸收初步的价值观念。这些观念就像是种子，被种在他们的心田里。

（2）质疑阶段：思考的火花

随着时间的推移，青少年开始用他们年轻的头脑去质疑和思考这些已接受的价值观。这个阶段就像是探险，他们开始用自己的方式去探索世界。

（3）整合阶段：信念的拼图

最终，青少年会将自己认同的价值观整合成一套稳定的信念体系。这就像是完成一幅拼图，每一块都代表着他们的经历和思考。

在这个价值观的形成之旅中，青少年不断地学习和成长。家庭、学校和社会应该成为他们的灯塔，提供方向和支持。

3. 案例分析

案例描述

张华是一名16岁的高中生，居住在二线城市。他的家庭属于中等收入水平，父母都是公务员，家庭氛围传统而温馨。张华在学校成绩中等，他对动漫有着浓厚的兴趣。他喜欢阅读漫画、观看动画，并且积极参与线上线下的相关社区活动。

随着时间的推移，张华在动漫中的投入越来越多。他开始尝试自己创作漫画作品，并在社交媒体上分享。他的作品受到了一些同好的认可和赞赏，这让他感到非常满足和快乐。张华甚至梦想着将来能够成为一名专业的动漫创作者。

然而，张华的父母对动漫持有强烈的保留态度。在他们眼中，动漫是一种不成熟的消遣，甚至可能是一种逃避现实的表现。他们担心张华过于沉迷于这个虚拟世界，会忽视学业，影响他的未来。最近，张华的成绩有所下滑，父母认为这正是动漫影响学业的直接证据。

张华感到巨大的压力和矛盾。他热爱动漫，认为这是他个性的体现，也是他未来职业道路的潜在方向。但同时，他也意识到自己的学业确实受到了影响，这让他感到内疚和焦虑。

案例分析

在青少年时期，个体开始探索自我，形成自己的价值观和人生目标。这一过程往往伴随着对自我身份的探索和确认，这是成长中的一个自然阶段。张华的故事正是这一过程的典型体现。

张华对动漫的热爱反映了他个性的一个重要方面，这是他自我认同的一部分。然而，家庭和社会的期望给他带来了压力，使他在追求个人兴趣和满足外界期望之间感到矛盾。这种矛盾在青少年中很常见，因为他们在尝试理解自己是谁，以及他们想要成为什么样的人。

心理学家认为，青少年时期是个体形成自我认同的关键时期。在这个阶段，青少年需要通过尝试不同的角色和兴趣来探索自我，这有助于他们建立自信和确定自己的价值观。家长和教育者应该提供支持和理解，鼓励他们探索自己的兴趣，同时也要帮助他们理解社会期望，并找到两者之间的平衡。通过这样的过程，青少年可以更好地理解自己，形成健康的自我认同，为未来的成长打下坚实的基础。

在张华的案例中，他的父母可能没有意识到二次元文化对张华的重要性，以及它如何帮助张华表达自己。父母可能需要学习如何与孩子进行有效的沟通，了解孩子的兴趣和梦想，同时表达自己的担忧和期望。通过开放的对话，家庭成员可以共同寻找解决方案，支持张华在追求个人兴趣的同时，也不忽视学业和未来的职业规划。

（二）叛逆行为与家庭关系

1. 为什么青少年会叛逆

生理的变化

青少年时期，身体经历了一系列的生理变化，其中激素的波动尤为显著。这些激素的变化不仅影响着青少年的身体发育，还会影响他们的情绪和行为。激素的增加可能导致情绪波动，使青少年更容易感到焦虑、易怒或情绪化。这种情绪的不稳定性有时会表现为叛逆行为，因为青少年可能会对日常生活中的压力和挑战反应过度。

此外，青少年的大脑在发育过程中，特别是前额叶皮层（负责决策和冲动控制的部分）仍在成熟。这可能导致他们在决策时更加冲动，更容易采取叛逆行为。

（1）心理发展：寻找真正的自我

青少年时期是个体心理发展的关键阶段。他们开始探索自我身份和价值观。在这个过程中，青少年可能会质疑现有的规则和权威，试图通过叛逆行为来表达自己的独立性和个性。这种探索是正常的成长过程，能够帮助青少年建立自我认同，并逐渐形成自己的世界观。

（2）社会影响：同伴和媒体的双重作用

同伴群体对青少年有不可忽视的影响。青少年往往希望获得同伴的认可和接纳，因此他们可能会模仿同伴的行为，包括叛逆行为。此外，媒体和流行文化也在塑造青少年的价值观和行为模式。电影、电视节目、音乐和社交媒体中的叛逆形象可能会激发青少年的模仿欲望，导致他们采取类似的行为。

（3）家庭环境：家里的那些小插曲

家庭成员之间的沟通方式、父母的期望、家庭规则的设定以及家庭氛围都会影响青少年的行为。如果家庭环境中存在紧张、冲突或缺乏理解，青少年可能会通过叛逆行为来表达不满或寻求关注。相反，一个支持和理解的家庭环境可以帮助青少年更好地应对叛逆期，促进他们的健康成长。

总之，青少年叛逆是一个多因素影响的现象，涉及生理、心理、社会和家庭等多个层面。理解这些因素有助于家长和教育者更好地支持青少年的成长，通过建立开放的沟通、设定合理的界限和提供必要的支持，帮助青少年健康地度过这一关键时期。

2. 叛逆的那些表现：青春期的“宣言”

青春期的叛逆行为多种多样，既是青少年自我表达的一种方式，也是他们探索和确立自我身份的过程。

（1）拒绝服从：不听话的反叛

拒绝完成家务和学业：青少年可能会故意不完成父母布置的家务活或学校的作业，以此表达对家庭和学校规则的不满。

故意违反规定：无论是家里的规则还是学校的纪律，青少年常常会故意打破，以显示他们的独立性。

（2）争论和顶嘴：我的观点最重要

与父母争论：在日常交流中，青少年喜欢与父母争论，常常表现出对父母意见的强烈反对，试图证明自己的观点是正确的。

质疑权威：不仅对父母，青少年也会质疑老师和其他权威人物的意见和决定，表现出强烈的自主意识。

（3）寻求同伴认可：朋友是最好的听众

跟随朋友的行为：青少年往往更愿意听从同伴的建议，模仿朋友的行为，即使这些行为有时会冒险或违反家庭和学校的规则。

同伴压力：为了融入某个群体，青少年可能会做出一些不符合自己本性的行为，比如抽烟、喝酒或参与其他冒险活动。

（4）秘密和隐私：我的世界不容侵犯

减少与父母的交流：青少年常常不愿意与父母分享自己的想法和感受，倾向于保持独立的私人空间。

保守秘密：他们可能会有一些小秘密，拒绝让父母知道，认为这是他们保持独立性的方式。

（5）情绪波动：情感过山车

情绪反复无常：青春期的青少年情绪变化剧烈，可能一会儿开心一会儿又感到沮丧或愤怒，这些情绪波动往往表现为叛逆行为。

易怒和敏感：对外界的批评和评价特别敏感，容易因为小事发脾气或陷入情绪低谷。

（6）外表和风格：独特的自我表达

穿着打扮：青少年常常通过改变穿着、发型和化妆来表达自己的个性，追求与众不同或与同伴一致的时尚风格。

个性标签：他们可能会尝试文身、打耳洞等，以显示自己独特的身份和价值观。

（7）媒体和社交网络：网络世界的冒险

过度使用社交媒体：沉迷于社交网络，可能会与网络上的朋友互动更多，甚至会参与一些网络挑战或活动。

网络隐私：他们会在网络上分享自己的想法和生活，但不愿意让父母了解自己的在线活动。

3. 家庭关系中的挑战：叛逆带来的冲击波

（1）沟通障碍：我们该怎么聊？

在青少年叛逆期，家庭沟通往往会遇到障碍。青少年可能会变得封闭，不愿意与父母分享内心世界。为了改善这种状况，家长可以尝试以下几个策略。

①倾听而非指责。当青少年愿意开口时，找一个安静的环境，关闭电视或手机，全神贯注地听他们说话。避免在他们说话时做其他事情，这样可以让他

们感受到你的专注。保持眼神交流，但不要过于强烈，以免让青少年感到不舒服。适时地点头或微笑可以表达你的理解和接纳。即使你不同意他们的观点，也要让他们说完。打断可能会让他们感到不被尊重，从而关闭沟通的大门。

②开放式对话。提出开放式问题，鼓励青少年分享更多信息。例如，不要问“你今天在学校好吗？”而是问“你今天在学校有什么有趣的事情发生吗？”这样的问题可以引导他们分享更多细节。当他们分享时，给予积极的反馈，如“这听起来很有意思”或“我很高兴你告诉我这些”。这样可以鼓励他们继续分享。此外，可以设定一个固定的时间，比如每周日的晚餐后，作为家庭沟通的时间。在这个时间里，每个人都可以分享一周的感受和经历。

③共情理解。使用共情语言，如“我理解你为什么感到这样”或“那一定让你感到很沮丧”。这样的表达可以帮助孩子感到被理解。用你自己的话重述他们的感受，例如，“听起来你真的很失望”，这可以确认你理解了他们的情绪。

④尊重和接纳。即使你不同意孩子的观点，也要尊重他们的意见。可以说，“我明白你的立场，虽然我可能有不同的看法”。鼓励孩子发展自己的兴趣和爱好，即使这些兴趣与你的不同。支持他们的选择，可以帮助他们建立更紧密的亲子关系。

（2）权威对抗：说服还是强迫

青少年时期的自我意识增强，使得他们更倾向于质疑权威和规则，表现出强烈的独立性需求。面对这种情况，家长和教育者需要采取更为策略性的方法来应对青少年的叛逆行为。

①合作而非强制。家长应该尝试与青少年合作，而不是单方面强制执行规则。合作意味着共同参与决策过程，让青少年感到他们的意见被重视。例如，家长可以与孩子一起讨论家庭规则，并考虑他们的建议。这种参与感可以提高青少年对规则的接受度，并减少对抗。家长可以定期与青少年进行家庭会议，讨论家庭规则和日常事务。在这些会议中，鼓励青少年提出自己的想法和建议。例如，如果青少年对晚归时间有异议，家长可以倾听他们的理由，并共同商讨一个双方都能接受的解决方案。

②引导而非命令。引导青少年理解规则背后的原因和重要性，而不是简单地下达命令。家长可以通过开放式对话，帮助青少年思考某些行为产生的后果，

并鼓励他们做出明智的选择。这种引导方式有助于青少年发展批判性思维，并学会为自己的行为负责。例如，当青少年想要尝试某些可能带来风险的活动时，家长可以引导他们分析潜在的风险和收益，而不是直接禁止。通过这种方式，青少年不仅能够理解家长的担忧，还能够学会独立思考和做出决策。

③灵活的管理方式。家长需要了解孩子的需求和变化，尊重他们的个体差异，根据不同的发展阶段调整管理方式。通过与孩子共同制定家庭规则，让他们参与决策，增加对规则的认同感和责任感。同时，给予孩子一定的自由空间，让他们在安全范围内探索和自我管理，并通过分配家务和任务，培养他们的责任感。在遇到问题和冲突时，家长应保持冷静，灵活应对，根据具体情况调整管理策略。对一些小问题采取宽松态度，而对原则性问题则坚决处理。建立积极的反馈机制，当孩子表现良好时，及时给予表扬和鼓励，增强他们的自信心和积极性；对于错误行为，采取建设性批评，提供改进建议而非一味责备。

4. 情感疏远：我们的距离怎么拉近

（1）共同兴趣：找到我们都爱的活动

建立共同兴趣是一个有效的方法。无论是一起进行体育运动、看电影，还是做手工，这些活动都能为亲子互动提供一个轻松愉快的氛围。在共同的兴趣中，我们不仅能更好地理解孩子的喜好，也能让孩子感受到父母的关心和陪伴。

（2）表达关爱：小举动，大温暖

表达关爱是关键。即使在冲突中，也要让孩子感受到父母的爱和支持。小小的关心和鼓励，比如一顿精心准备的晚餐或一句温暖的话语，都能拉近彼此的心灵距离。

（3）情感交流：分享我们的感受

情感交流也不可忽视。鼓励孩子表达自己的感受，同时家长也要分享自己的情绪和经历，让情感交流成为家庭关系的重要部分。这样，孩子会觉得父母是可以信赖和依靠的对象，愿意敞开心扉。

（4）尊重理解：给他们空间和支持

尊重和理解是基础。尊重孩子的隐私和独立性，理解他们在成长中的困惑和挑战，避免过多的干涉和控制。给予他们一定的自由和空间，反而能让他们更加愿意主动与父母分享内心世界。

案例分析

案例描述

在青春期之前，王磊的家庭关系可以用“和谐”来形容。他的父母都是忙碌的教师，但他们总是尽力在周末抽出时间陪伴王磊，参与他的学校活动和培养他的兴趣爱好。家庭氛围温馨，父母对王磊的教育充满期望，但同时也给予他足够的自由去探索自己的兴趣。

然而，随着青春期的到来，王磊开始展现出与以往不同的行为。他的叛逆行为首先体现在对学校规则的漠视上：他开始穿着带有强烈个性的服饰，头发染成了不寻常的颜色，甚至在课堂上公然挑战老师的权威。他的成绩急剧下滑，从班级的前列跌至末尾。更让父母担忧的是，王磊开始与一些社会青年交往，晚上常常不归家，甚至有一次因为参与街头斗殴而被警方带回家。

面对王磊的叛逆，他的父母感到困惑和失望。他们试图通过传统的教育方式来纠正王磊的行为，但这些努力似乎只是火上浇油。在一次深夜的寻找中，王磊的母亲发现他在一家网吧里沉迷于网络游戏。这次发现成为家庭危机的转折点。王磊的父亲在愤怒之下，决定采取更为严厉的措施，包括限制他的零用钱和外出时间，甚至威胁要送他去军事化管理的学校。然而，这些措施并没有解决问题，反而加剧了王磊的叛逆。在一次激烈的争吵后，王磊离家出走，只留下一封信，表达了他对家庭束缚的厌恶和对自由的渴望。

家庭陷入了深深的危机。在朋友的建议下，王磊的父母开始寻求专业的心理咨询。在咨询师的引导下，他们开始反思自己的教育方式，并学习如何与青春期的孩子建立有效沟通。王磊的父母开始尝试理解儿子的内心世界。他们减少了严厉的控制，增加了对王磊的关心和支持。他们开始主动参与王磊感兴趣的活动，如音乐和电子游戏，试图在这些共同的话题中找到与儿子沟通的桥梁。在一次家庭治疗中，王磊终于表达了自己对父母期望过高的压力和对自我认同的迷茫。

随着家庭氛围的逐渐缓和，王磊的叛逆行为有所减少。他开始重新审视自己的行为，并尝试与父母建立更加成熟的关系。虽然家庭关系的修复是一个漫长的过程，但王磊和他的父母都在努力寻找和解的道路。

案例分析

王磊的案例让我们看到了青少年叛逆行为背后的多重因素。青春期是一个充满变化的时期，孩子们在这个阶段开始探索自我，形成自己的身份。王磊的叛逆行为，如挑战学校规则和教师权威，可能是他在尝试表达自己的独立性和个性。

在这个过程中，家庭的作用尤为关键。王磊的父母最初采取了传统的教育方式，试图通过严格的规则来纠正他的行为，但这反而加剧了家庭冲突。幸运的是，他们后来通过心理咨询学会了如何更好地与王磊沟通，开始尝试理解他的内心世界，并给予他更多的关心和支持。

这种改变是基于一个简单但重要的心理学原则：有效的沟通和理解可以缓解冲突，促进家庭和谐。当父母开始倾听王磊的想法和感受，而不是仅仅关注他的行为时，他们就能够更好地支持他，帮助他找到健康的方式来表达自己。

此外，王磊的案例也提醒我们，青少年在成长过程中需要感受到家庭的温暖和接纳。当他们感到被理解和支持时，他们才可能以积极的方式应对生活中的挑战。王磊的故事告诉我们，青少年叛逆行为并不总是负面的，它可能是成长过程中的一部分。通过家庭成员之间的理解和支持，我们可以帮助青少年更好地度过这一阶段，促进他们的健康成长。

第三章

儿童青少年常见心理问题

一 抑郁障碍

（一）儿童青少年抑郁问题的现状与风险

近年来，儿童和青少年的抑郁问题日益引起社会的关注。据相关统计数据，全球范围内，大约有 20% 的青少年在青春期会经历至少一次抑郁症状，这一比例在某些地区甚至更高。这意味着每 5 个孩子中，就有 1 个可能会面临抑郁的困扰。抑郁不仅仅是成人的问题，很多儿童和青少年也会受到这种情绪障碍的影响，而且其影响往往更加深远和复杂。

1. 抑郁问题现状

抑郁症在儿童和青少年中的发病率不断上升，这与现代社会的快速发展和生活方式的变化密切相关。城市化进程的加快、学业压力的增加以及家庭结构的变化，都可能成为抑郁的原因。此外，社交媒体的广泛使用也对孩子们的心理健康产生了显著的影响。

（1）城市化进程

随着城市化的加快，许多家庭搬迁到大城市，这一过程可能会让孩子感到陌生和孤立。他们需要适应新的环境、新的学校和新的朋友，而这些变化可能会带来压力和焦虑。

（2）学业压力

现代教育的竞争非常激烈，孩子们从小就面临着巨大的学业压力。不仅要在学校里取得好成绩，还要参加各种课外补习班和兴趣班。这种过重的负担可能会让孩子感到疲惫和无助，进而引发抑郁情绪。

（3）家庭结构变化

现代家庭的结构也在发生变化，单亲家庭、重组家庭等家庭关系的紧张和不稳定，可能会让孩子缺乏安全感和支持，进而增加他们的心理压力。

（4）社交媒体的影响

社交媒体在青少年的生活中占据了越来越重要的地位。虽然社交媒体可以让孩子们更方便地与朋友交流，但也可能带来负面的影响。比如，社交媒体上的虚假生活展示和网络欺凌，都可能让孩子感到自卑和孤独，增加患抑郁症的风险。

抑郁症对儿童青少年的影响不仅体现在情绪层面，还会严重干扰他们的学习、社交和生活质量。许多患有抑郁症的孩子会在学校表现出注意力不集中、成绩下降，甚至会有逃学的现象。此外，他们的人际关系也会受到影响，常常感到被孤立和被排斥。长期抑郁还可能导致自尊心下降，影响到他们的未来发展。

2. 抑郁的风险因素

抑郁的发生往往是多种因素共同作用的结果。以下是一些主要的风险因素：

（1）家庭环境

家庭氛围不和谐、父母关系紧张或缺乏有效的沟通都会对孩子的心理健康产生负面影响。例如，父母频繁争吵或离婚，可能会让孩子感到不安全和焦虑，从而增加抑郁的风险。

①家庭氛围不和谐：如果家里经常充满争吵和冲突，孩子会感到非常不安。没有一个安稳的家庭环境，孩子很难感受到爱和安全感，容易陷入抑郁的情绪中。

②父母关系紧张：父母之间的关系如果不和谐，孩子会受到很大的影响。他们可能会担心父母会离婚，甚至会觉得是自己的错，导致心理负担加重。

③缺乏有效沟通：家长如果不能与孩子进行有效沟通，孩子的情绪和问题得不到及时的关注和解决，久而久之，他们会感到孤独和无助，抑郁的风险也会增加。

（2）学校压力

学业压力、人际关系问题以及校园欺凌等都会对孩子的情绪造成压力。现代教育制度的竞争激烈，许多孩子为了取得好成绩而承受巨大的压力，这种压力如果得不到有效缓解，容易导致情绪低落和抑郁。

①学业压力：孩子们不仅要应对日常的课业，还要参加各种考试和比赛。家长和老师对成绩的高要求，也会让孩子感到很大的压力。

②人际关系问题：在学校里，孩子们需要处理同学之间的关系。有时候，他们会因为一些小事而感到困扰，或者因为没有朋友而感到孤单。

③校园欺凌：欺凌行为对孩子的心理健康有很大的负面影响。被欺凌的孩子常常感到害怕、孤独和无助。这些负面情绪甚至可能会积累，导致孩子抑郁。

（3）生物因素

家族中有抑郁症病史的孩子患抑郁症的风险更高。此外，体内化学物质的不平衡也可能导致抑郁。一些研究表明，抑郁症与脑内神经递质的失衡密切相关，这种生物学基础使得某些孩子更容易患上抑郁症。

①家族病史：如果家族中有抑郁症患者，孩子患抑郁症的风险会更高。这种遗传因素在一定程度上决定了孩子对抑郁症的易感性。

②化学物质不平衡：大脑中的化学物质，比如神经递质的失衡，也可能导致抑郁症。这些生物学因素往往是孩子无法控制的，但却会对他们的情绪产生重大影响。

（4）重大生活事件

如父母离异、亲人去世、搬家等重大变化会让孩子感到不安和孤独。这些事件通常会给孩子的情绪产生巨大冲击，如果他们缺乏有效的应对机制，就容易陷入抑郁的情绪中。

①父母离异：父母离婚对孩子来说是一个巨大的打击。他们可能会感到家庭的破碎，进而感到不安和悲伤。

②亲人去世：亲人的离世会让孩子感到极度的悲痛和失落。如果他们没有得到及时的心理支持，很容易陷入抑郁。

③搬家：搬家意味着要离开熟悉的环境，适应新的学校和朋友。这个过程对孩子来说充满了挑战和不确定性，可能会引发焦虑和抑郁情绪。

（5）社会影响

社交媒体的负面影响、网络欺凌和社会期望等都会增加孩子的心理压力。社交媒体上的不良内容、虚假的生活展示以及网络暴力，都会对孩子的心理健康产生负面影响，导致他们产生自卑感和无力感。

①社交媒体：虽然社交媒体可以让孩子们更方便地与朋友交流，但它也可能带来很多负面影响。比如，看到别人晒出光鲜亮丽的生活照片，孩子们会感觉自己的生活黯然失色，从而产生自卑感。

②网络欺凌：网络欺凌是一种隐蔽但严重的欺凌形式。被网络欺凌的孩子往往感到无处可逃，心理压力巨大，容易导致抑郁症。

③社会期望：社会对孩子的期望往往很高，尤其是在学业和行为方面。如果孩子们不能达到这些期望，他们会感到压力和失败，从而引发抑郁情绪。

通过理解这些风险因素，家长和老师可以更好地识别和预防抑郁症，及时采取措施帮助孩子们应对情绪问题。了解抑郁症的现状和风险因素，是我们帮助孩子们走出困境、恢复健康的第一步。

（二）抑郁症的定义和常见表现

1. 抑郁症的定义

抑郁症是一种非常常见的心理健康问题。它不仅仅是我们日常所说的“心情不好”或“情绪低落”，而是一种持续的、严重的情绪障碍。简单来说，抑郁症是一种长时间的悲伤、绝望和对生活失去兴趣的状态。这个状态通常会持续至少 2 周，并且会影响到一个人的日常生活和功能。例如，孩子们可能会因为抑郁而不想上学，不愿意与朋友玩耍，甚至连日常的起床和吃饭也变得困难。

2. 抑郁症的常见表现

抑郁症的表现形式多种多样，每个孩子的症状可能会有所不同。以下是一些常见的抑郁症状，我们可以通过这些症状更好地了解和识别抑郁症。

（1）持续的悲伤或空虚感

这是抑郁症最典型的症状之一。孩子们可能会长时间感到无助、绝望或没有价值。这样的情绪并不是一两天的事情，而是持续数周甚至更久。家长可能会注意到，孩子总是显得很沮丧，似乎对任何事情都提不起兴趣。孩子可能会经常哭泣，或者表现得非常沉默和退缩。

（2）失去兴趣

以前喜欢的活动突然变得没有吸引力了。无论是玩游戏、看电视、参加体育活动还是与朋友一起玩耍，孩子都表现出冷淡和不感兴趣。这种对生活失去兴趣的现象，是抑郁症的一个重要标志。孩子可能会说“我不想做任何事情”，或者“什么都不好玩了”。

（3）食欲和体重变化

孩子可能会突然食欲大增或大减，体重显著增加或减少。有的孩子会因为心情不好而暴饮暴食，而有的孩子则会完全丧失食欲，什么都吃不下。这些变化都可能是抑郁症的信号。如果你注意到孩子的饮食习惯发生了明显的改变，比如突然不喜欢吃平时喜欢的食物，或者频繁要求吃零食，这可能是抑郁的表现。

（4）睡眠问题

抑郁症会严重影响孩子的睡眠。有的孩子会失眠，晚上很难入睡或者容易醒来；有的孩子则会过度睡眠，即使睡了很长时间，仍然觉得疲倦。这些睡眠问题都会影响孩子的日常生活和学习。如果孩子晚上总是辗转反侧，或者早上很难起床，这些都是需要关注的信号。

（5）疲劳和精力不足

即使没有进行大量活动，孩子也会感到疲倦和缺乏精力。他们可能会抱怨说自己总是很累，什么都不想做。这种持续的疲劳感，是抑郁症的常见表现。孩子可能会在家里或者学校表现得很无精打采，甚至连简单的任务也无法完成。

（6）注意力难以集中

抑郁症会让孩子很难集中注意力，记忆力下降，决策困难。他们可能会在学习上表现出困难，作业完成得不好，成绩下降。这不仅仅是因为他们不努力，而是因为抑郁症影响了他们的认知功能。如果孩子在课堂上经常走神，或者在做作业时反复出错，这些都可能是抑郁的表现。

（7）自我价值低

孩子们可能会对自己感到强烈的自责或无价值感。他们会觉得自己不够好，做什么都不对，甚至认为自己是家里的负担。这种负面的自我评价，会进一步加深他们的抑郁情绪。孩子可能会说“我什么都做不好”，或者“大家都会更好，如果没有我”。

(8) 身体不适

抑郁症不仅影响心理，还会表现为身体上的不适。例如，孩子可能会经常头痛、胃痛或者其他身体疼痛，但找不到明确的身体原因。这些身体症状其实是抑郁症的一部分。孩子可能会频繁地抱怨身体不适，甚至会因为这些不适而拒绝上学或参加活动。

(9) 自杀意念

在严重的情况下，孩子可能会有自杀的念头或行为。这是抑郁症危险的表现之一，需要立即引起家长和医生的重视和干预。如果孩子谈到想要结束自己的生命，或者有自残的行为，家长一定要认真对待，并及时寻求专业帮助。

理解这些症状有助于我们更好地识别抑郁症，并及时给予孩子必要的帮助和支持。家长们需要注意孩子的情绪和行为变化，及时与他们沟通，并在必要时寻求专业的心理帮助。通过积极的干预和支持，我们可以帮助孩子们走出抑郁，恢复健康和快乐的生活。

(三) 应对和缓解抑郁的方法

1. 家庭支持

家庭是帮助孩子应对抑郁的重要支柱。家长可以通过以下方式提供支持：

(1) 创建安全的家庭环境

让孩子感到安全和被爱是最基础的。尽量减少家庭中的冲突和压力，创造一个温暖、和谐的家庭氛围。让孩子知道，不管发生什么，家都是他们的避风港，是一个他们可以放心依赖的地方。孩子需要知道家是一个安全的地方，他们可以在这里表达自己的情绪，而不用担心会被责备或忽视。

(2) 开放的沟通

与孩子保持开放的沟通非常重要。家长应该主动关心孩子的情绪变化，鼓励他们表达自己的感受和想法。不要急于打断或评价，而是耐心倾听，给予理解和支持。可以通过每天固定的交流时间，比如晚饭后聊聊当天的经历和感受，来建立这种沟通机制。问一些开放性的问题，比如：“今天在学校发生了什么有趣的事情？”或者“你最近在想什么？”这样可以帮助孩子更容易地表达自己。

（3）参与孩子的生活

积极参与孩子的日常活动，了解他们的兴趣和爱好。无论是一起做作业、参加体育活动，还是看电影、玩游戏，这些都是增进亲子关系的好机会。让孩子感受到父母的关心和陪伴，对他们的心理健康有很大的帮助。孩子们需要感受到父母对他们的兴趣和爱好是认真的，这样他们会感到自己是被重视的。

2. 学校的支持

学校在孩子的生活中扮演着重要角色，教师和校方也可以作出积极的贡献：

（1）提供心理支持

学校应设立心理辅导室，为有需要的学生提供心理咨询服务。心理辅导老师可以帮助孩子们应对情绪问题，提供专业的支持和建议。孩子们在学校遇到问题时，知道有专业人士可以帮助他们，这会让他们感到安心。

（2）减轻学业压力

合理安排课程和作业，避免过重的学业负担。学校可以通过灵活的教学方式和多样的课外活动，帮助学生找到学习的乐趣，而不是把学习看作一种沉重的负担。比如，减少考试的频率，增加实践性学习和小组合作的机会，让孩子们感受到学习的多样性和趣味性。

（3）防止校园欺凌

建立防欺凌机制，保护学生的心理健康。学校应制定明确的反欺凌政策，积极开展反欺凌教育，让学生明白欺凌的危害，鼓励他们互相帮助、共同成长。通过角色扮演、讨论会等形式，让学生了解如何应对和防止欺凌行为。

3. 社区和社会的支持

社区和社会的支持同样不可忽视：

（1）宣传和教育

通过宣传和教育，提高公众对儿童和青少年抑郁问题的认识。社区可以组织心理健康讲座、发放宣传手册等，帮助家长和孩子了解抑郁症的知识和应对方法。比如，在社区中心或学校举办关于心理健康的活动，邀请心理专家为家长和孩子讲解抑郁症的症状和应对方法。

（2）提供资源

社区应提供心理健康资源和支持，帮助有需要的家庭和孩子。比如，设立心理健康热线、提供免费的心理咨询服务，方便家长和孩子在需要时及时求助。社区可以和当地的心理健康机构合作，提供免费的咨询和支持服务。

（3）建立支持网络

建立家长互助小组和社区支持网络，让家长可以互相交流经验，共同应对孩子的抑郁问题。通过这样的互助平台，家长们可以互相鼓励、提供建议，一起面对抑郁症的挑战。比如，社区可以组织定期的家长交流会，让家长们分享经验和心得，互相支持和帮助。

4. 自我调适

孩子自己也可以通过一些方法来调适情绪，缓解抑郁症状：

（1）保持积极的生活方式

合理饮食、充足睡眠和适度运动都有助于改善情绪。健康的生活习惯可以提高身体的抵抗力，促进心理健康。家长可以和孩子一起制订合理的作息计划，鼓励他们保持规律的生活节奏。比如，每天固定时间吃饭和睡觉，保持充足的休息和锻炼。

（2）学习放松技巧

如深呼吸、冥想和瑜伽等方法可以帮助孩子们放松心情，缓解压力。这些技巧简单易学，家长可以和孩子们一起练习，让他们掌握在紧张时放松自己的方法。通过每天练习几分钟的深呼吸或冥想，孩子们可以学会如何在紧张时放松自己。

（3）培养兴趣爱好

鼓励孩子发展自己的兴趣爱好，找到生活中的乐趣和成就感。无论是音乐、绘画、体育还是手工制作，这些活动都可以让孩子在享受乐趣的同时，提升自信心，缓解负面情绪。家长可以帮助孩子找到适合他们的兴趣爱好，并给予支持和鼓励。

5. 寻求专业帮助

如果孩子的抑郁症状较为严重，家长应及时寻求专业帮助：

（1）心理咨询师

心理咨询师可以通过谈话和行为疗法帮助孩子应对抑郁。专业的心理咨询师能够提供针对性的治疗方案，帮助孩子找到情绪问题的根源，并逐步改善。孩子们可以在心理咨询师的帮助下，学会如何管理和应对自己的情绪。

（2）药物治疗

在医生的指导下，药物治疗也可以作为一种有效的治疗方法。对于症状较为严重的孩子，药物治疗可以迅速缓解症状，帮助他们恢复正常的生活状态。家长应当严格按照医生的指示给孩子服药。

（3）综合治疗

结合心理咨询和药物治疗，综合性的治疗方案可以更好地帮助孩子恢复健康。多种治疗手段的结合，可以从不同方面入手，更全面地解决抑郁问题。家长可以和医生及心理咨询师共同制订一个全面的治疗计划，确保孩子得到最好的帮助。

总之，儿童青少年的抑郁问题需要全社会的关注和理解。通过家庭、学校和社会的共同努力，我们可以为孩子们提供一个更加健康、快乐的成长环境。家长们在日常生活中多关心、多倾听、多支持，让孩子们感受到爱和温暖，才能更好地帮助他们战胜抑郁，迎接美好的未来。理解和支持是帮助孩子走出抑郁的关键，让我们共同努力，创造一个充满爱和关怀的环境，让每个孩子都能健康成长。

二 焦虑障碍

（一）儿童青少年焦虑问题的现状与风险

近年来，儿童青少年的焦虑问题也引起了广泛关注。根据相关统计数据，全球范围内，有 10% ~ 20% 的儿童青少年会在某个阶段经历焦虑障碍。焦虑不仅影响孩子的情绪，还会干扰他们的日常生活、学业和社交关系。现代社会的快速发展、信息的爆炸以及家庭、学校的压力等多方面因素都可能导致孩子们的焦虑情绪上升。

1. 学业压力

随着教育竞争的加剧，孩子们面临的学业压力越来越大。频繁的考试、繁重的作业和家长的高期望都会让孩子感到压力巨大。

（1）考试压力

现在的教育制度中，考试几乎无处不在。孩子们不仅要参加期中、期末考试，还有各种各样的竞赛和等级考试。每一次考试都会成为孩子们的巨大压力源，他们会担心自己考不好，会失去家长和老师的认可。

（2）作业负担

每天大量的作业让孩子们疲惫不堪。放学后，孩子们还要完成各科的作业，往往到了晚上还在做作业，甚至没有时间休息和娱乐。这种过度的学业负担会让孩子们感到焦虑和无助。

（3）家长的期望

许多家长对孩子的学业有很高的期望，希望他们能考上名牌大学，取得好成绩。虽然家长的初衷是好的，但过高的期望往往会给孩子带来很大的压力。孩子们会担心自己达不到家长的期望，从而感到焦虑。

2. 社交媒体

社交媒体的广泛使用也让孩子们面临更多的社交压力。虚假的生活展示、网络欺凌等都会让孩子们感到焦虑和不安。

（1）虚假的生活展示

在社交媒体上，很多人都会展示出自己美好的一面，晒出自己的好成绩、美食、旅行照片等。这些虚假的生活展示会让孩子们觉得自己不如别人，产生自卑和焦虑感。他们可能会认为，自己过得不够好，生活不够精彩，从而感到不安。

（2）网络欺凌

网络欺凌是一个严重的问题。孩子们在网络上可能会受到同学的攻击、嘲笑和排斥。这些网络欺凌行为会给孩子的心理健康造成严重影响，让他们感到孤独和无助，甚至害怕上学和与人交往。

3. 家庭环境

家庭关系的不稳定、父母之间的冲突以及家庭经济状况的变化都会给孩子的心理健康产生负面影响。

（1）家庭关系不稳定

如果家庭关系不稳定，孩子会感到没有安全感。父母之间的争吵、离婚等都会让孩子感到恐惧和焦虑。他们会担心家庭的破裂，甚至会觉得是自己的错，进而导致情绪低落和焦虑。

（2）家庭经济状况变化

家庭经济状况的变化也会影响孩子的心理健康。如果家庭突然遭遇经济困难，孩子会担心自己的未来。他们会担心家里的钱不够用，担心自己的生活质量下降，从而产生焦虑感。

（3）父母的情绪状态

父母的情绪状态对孩子也有很大的影响。如果父母经常表现出焦虑、抑郁或愤怒，孩子也会受到影响，变得情绪不稳定。父母的情绪问题会传递给孩子，让他们也感到不安。

4. 社会变化

快速的社会变化、经济的不稳定以及各种突发事件（如疫情）都会增加孩子们的焦虑。

（1）社会快速变化

现代社会变化迅速，新的技术、新的文化不断涌现，孩子们需要不断适应新的环境。这种快速的变化会让孩子感到压力和焦虑，因为他们觉得自己跟不上变化的步伐。

（2）经济不稳定

经济不稳定也会让孩子感到不安。虽然他们可能还不了解经济的复杂性，但他们能感觉到家长的焦虑。经济问题可能会影响家庭的生活质量，让孩子担心自己的未来。

（3）突发事件

各种突发事件，如自然灾害、疫情等，都会对孩子的心理健康产生影响。这些事件往往是突如其来的，会让孩子感到无助和恐惧。

通过理解这些风险因素，家长和老师可以更好地识别和预防焦虑障碍，及时采取措施帮助孩子应对情绪问题。了解焦虑障碍的症状和风险因素，是我们帮助孩子们走出困境、恢复健康的第一步。

（二）焦虑的定义和常见表现

1. 焦虑的定义

焦虑是一种非常常见的情绪反应，是对未来可能发生的事件感到担忧或害怕。这种情绪在某种程度上是正常的，比如在考试前紧张或者在重要比赛前感到不安。然而，当焦虑情绪过于强烈、频繁且持续较长时间，甚至影响到日常生活时，就可能发展为焦虑障碍。简单来说，焦虑障碍是指这种担忧和害怕已经超出了正常范围，影响到了孩子的正常学习、生活和社交。

2. 焦虑的常见表现

焦虑在孩子们身上的表现形式多种多样，每个孩子的表现可能会有所不同。以下是一些常见的焦虑症状，通过这些症状，我们可以更好地了解和识别焦虑。

（1）过度担忧

孩子会对各种事情过度担忧，比如学习成绩、人际关系、家庭情况等，即使这些事情并没有实际发生。他们可能会不断地问“如果考试不及格怎么办？”或者“如果我的朋友不喜欢我了怎么办？”这些问题反映了他们内心的担忧和不安。孩子们可能会表现出对未来事件的过度焦虑，总是想着最坏的情况。

（2）身体症状

焦虑常常伴随身体症状，如心跳加速、出汗、颤抖、头痛、胃痛等。孩子们可能会抱怨心跳很快，或者说肚子痛。这些身体症状往往没有明确的身体原因，而是由焦虑引起的。孩子们可能会觉得身体不舒服，但医生却找不出具体的病因。

（3）睡眠问题

焦虑的孩子可能会有入睡困难、频繁醒来或早醒等问题，导致白天疲倦。他们可能会躺在床上翻来覆去，难以入睡，或者半夜醒来后无法再入睡。第二天早上，他们会感到非常疲倦，影响到他们的学习和日常活动。

（4）注意力难以集中

焦虑会影响孩子的注意力和记忆力，他们在学习时可能会难以集中注意力，导致成绩下降。孩子们可能会在课堂上走神，做作业时反复出错，记不住老师讲的内容。这不仅影响了他们的学业表现，还会让他们感到更加焦虑。

（5）回避行为

为了避免引发焦虑的情境，孩子可能会出现逃学、不愿参加社交活动等回避行为。他们可能会找各种借口不去上学，或者拒绝参加朋友的聚会。回避行为虽然可以暂时减少焦虑，但长远来看，会让问题更加严重，因为孩子们并没有学会如何面对和处理自己的焦虑。

（6）情绪波动

孩子可能会表现出易怒、情绪波动大、容易哭泣等情绪反应。他们可能会因为小事情大发脾气，或者突然哭泣，情绪波动很大。这些情绪反应往往是他们内心焦虑的表现，家长需要特别关注和理解。

总的来说，焦虑是一种复杂的情绪反应，它不仅影响孩子的心理，还会表现为身体上的不适和行为上的变化。家长和老师需要关注孩子的情绪和行为变化，及时识别焦虑的症状，并给予适当的支持和帮助。通过了解这些常见的焦虑表现，我们可以更好地帮助孩子应对焦虑，促进他们的心理健康和全面发展。

（三）如何识别和应对焦虑

1. 如何识别焦虑

识别孩子是否在经历焦虑是帮助他们的第一步。以下是一些方法，可以帮助家长和老师识别孩子的焦虑情绪。

（1）观察情绪变化

家长应关注孩子的情绪变化，特别是持续的担忧、害怕和不安。这些情绪变化通常不会在一两天内消失，而是会持续数周甚至更长时间。比如，孩子可能会经常表现出紧张、害怕或者莫名的担心。家长可以通过日常的交流和观察，了解孩子的情绪状态。如果孩子总是显得情绪低落或紧张，家长需要特别注意。

（2）注意行为变化

孩子如果出现逃学、拒绝参加社交活动、成绩突然下降等行为变化，可能是焦虑的信号。比如，一个平时喜欢上学的孩子突然开始找借口不去上学，或者一个活泼外向的孩子突然不愿意参加朋友的聚会，这些都是需要关注的行为变化。家长和老师应注意这些异常行为，并及时与孩子沟通，了解背后的原因。

（3）询问感受

与孩子进行沟通，询问他们的感受和担忧，了解他们内心的真实想法。家长可以通过日常交流，了解孩子的情绪变化和心理状态。比如，可以问孩子："最近有什么让你特别担心的事情吗？"或者"你感觉现在的生活有什么让你不开心的地方？"通过这些开放性的问题，家长可以更好地了解孩子的内心世界。

2. 应对焦虑的方法

一旦识别出孩子有焦虑情绪，家长可以采取以下方法帮助他们应对：

（1）提供情感支持

家长应给予孩子充分的理解和支持，帮助他们感到被关心和被爱。情感支持是帮助孩子应对焦虑的重要方法。家长可以通过耐心倾听、理解孩子的感受，给予他们信任和安全感。比如，家长可以告诉孩子：“不管发生什么，我们都会在你身边，支持你。”让孩子感受到家长的关心和爱，是他们战胜焦虑的重要力量。

（2）建立规律的生活作息

帮助孩子建立规律的生活作息，包括固定的睡眠时间、合理的饮食和适量的运动。规律的生活作息可以提高孩子的身体抵抗力，减少焦虑情绪。家长可以和孩子一起制订一个合理的作息时间表，比如，每天晚上固定时间睡觉，每天早上固定时间起床，保证充足的睡眠时间。同时，合理的饮食和适量的运动也有助于孩子的身心健康。家长可以鼓励孩子参加体育活动，比如，跑步、游泳等，让他们通过运动释放压力，放松身心。

（3）教会放松技巧

深呼吸、冥想、瑜伽等放松技巧可以帮助孩子缓解焦虑情绪。这些放松技巧简单易学，家长可以和孩子一起练习。比如，每天花几分钟时间进行深呼吸练习，或者通过冥想让自己放松下来。家长可以和孩子一起参加瑜伽课，通过练习瑜伽来放松身体，减轻焦虑。

（4）积极参与活动

鼓励孩子参加他们感兴趣的活动，通过兴趣爱好转移注意力，减少焦虑感。孩子们可以通过参加自己喜欢的活动，比如，绘画、音乐、运动等，来放松心情，转移注意力。家长可以支持孩子发展兴趣爱好，陪伴他们参加各种活动，让他们在愉快的环境中释放压力，享受快乐。

（5）寻求专业帮助

如果孩子的焦虑症状较为严重，家长应及时寻求心理医生或专业咨询师的帮助。心理医生或咨询师可以通过专业的治疗方法，帮助孩子缓解焦虑情绪。家长不必感到害怕或羞耻，寻求专业帮助是对孩子负责的表现。通过心理咨询和治疗，孩子可以学会更好地应对焦虑，恢复健康和快乐。

识别和应对孩子的焦虑情绪需要家长、老师和专业人士的共同努力。通过观察情绪变化、注意行为变化和与孩子沟通，家长可以及时发现孩子的焦虑问题。提供情感支持、建立规律的生活作息、教会放松技巧、积极参与活动和寻求专业帮助，都是有效的应对方法。家长们在日常生活中多关心、多倾听、多支持，让孩子们感受到爱和温暖，才能更好地帮助他们战胜焦虑，迎接美好的未来。

（四）预防和治疗方法

1. 预防焦虑的方法

预防焦虑比治疗焦虑更为重要。以下是一些有效的预防方法，可以帮助孩子建立健康心理，减少焦虑情绪。

（1）营造积极的家庭氛围

家庭环境的稳定和谐对孩子的心理健康非常重要。家长应尽量减少家庭中的冲突，给予孩子更多的关爱和支持。

①减少冲突：家庭成员之间应尽量减少争吵和冲突，即使发生矛盾，也要在孩子面前尽量保持冷静，避免争吵。

②关爱和支持：多关心孩子的生活和学习，倾听他们的烦恼和心声，给他们充分的理解和支持。比如，家长可以每天抽出时间和孩子聊聊天，了解他们的想法和感受。

（2）培养自信心

帮助孩子建立自信，鼓励他们面对挑战，逐步克服困难。

①设定小目标：帮助孩子设定一些可以实现的小目标，每次完成后给予肯定和鼓励。比如，帮助孩子设定每周阅读一本书的目标，完成后可以一起庆祝一下。

②积极的反馈：当孩子做得好时，及时给予表扬和鼓励，让他们感受到自己的进步和成就。比如，孩子在学校取得了进步，家长可以给予口头表扬或者小奖励。

（3）合理期望

家长应对孩子的学业和行为有合理的期望，不要给予过多的压力和要求。

①理解孩子的能力：每个孩子的能力和兴趣都不同，家长应根据孩子的实际情况，设定合理的期望，不要盲目追求高成绩。

②避免过度要求：不要苛求孩子，给予他们一定的自由和空间。比如，不要强迫孩子参加过多的补习班，让他们有时间放松和休息。

（4）开放的沟通

保持与孩子的开放沟通，了解他们的想法和感受，及时给予支持和帮助。

①倾听孩子的心声：与孩子保持良好的沟通，倾听他们的烦恼和困惑，帮助他们解决问题。比如，每天晚上可以和孩子聊聊他们当天在学校的经历，了解他们的喜怒哀乐。

②及时支持和帮助：当孩子遇到问题时，及时给予支持和帮助，不要让他们感到孤单和无助。比如，孩子在学校遇到了人际关系问题，家长可以和他们一起探讨解决方法，给予建议和支持。

2. 治疗焦虑的方法

当孩子已经出现焦虑症状时，及时有效地治疗非常重要。以下是一些常见的治疗方法。

（1）认知行为疗法（CBT）

认知行为疗法（CBT）是一种有效的心理治疗方法，可以帮助孩子识别和改变负面的思维模式，学会应对焦虑的技巧。

①识别负面思维：CBT 可以帮助孩子识别他们的负面思维模式，了解这些思维对他们情绪的影响。比如，孩子总是担心考试不及格，CBT 可以帮助他们认识到这种担心是过度的，并学习用积极的思维来替代。

②学习应对技巧：通过 CBT，孩子可以学会一些有效的应对技巧，如放松训练、深呼吸、冥想等，帮助他们缓解焦虑情绪。

（2）药物治疗

在医生的指导下，药物治疗可以作为焦虑症的辅助治疗方法，一般仅在症状严重时考虑使用。

①医生指导：药物治疗应在专业医生的指导下进行，根据孩子的具体情况

选择合适的药物和剂量。

②定期复查：药物治疗过程中需要定期复查，确保药物的效果和安全性，及时调整治疗方案。

（3）家庭治疗

家庭治疗可以帮助家庭成员理解孩子的焦虑问题，共同寻找解决办法，提高家庭的支持功能。

①家庭沟通：通过家庭治疗，家庭成员可以更好地沟通和理解，共同面对和解决孩子的焦虑问题。

②建立支持网络：家庭治疗可以帮助建立家庭内部的支持网络，增强家庭成员之间的信任和合作。

（4）学校支持

学校应提供心理辅导和支持，帮助孩子在学习和社交方面减轻压力。

①心理辅导：学校可以设立心理辅导室，为有需要的学生提供心理咨询和支持。

②减轻学业压力：学校应合理安排课程和作业，避免过重的学业负担，减轻学生的压力。

③防止校园欺凌：学校应制定欺凌防治制度，保护学生的心理健康，营造和谐的校园环境。

通过家庭、学校和社会的共同努力，我们可以为孩子们提供一个更加健康、快乐的成长环境，帮助他们有效预防和应对焦虑问题。家长们在日常生活中多关心、多倾听、多支持，让孩子们感受到爱和温暖，才能更好地帮助他们战胜焦虑，迎接美好的未来。理解和支持是帮助孩子们走出焦虑的关键。让我们共同努力，创造一个充满爱和关怀的环境，让每个孩子都能健康快乐地成长。

三 非自杀性自伤行为（Non-Suicidal Self-Injury）

（一）儿童青少年非自杀性自伤行为的现状与风险

近年来，儿童青少年的非自杀性自伤行为（NSSI）引起了越来越多的关注。据相关数据统计，全球范围内，10% ~ 30% 的青少年在青春期会经历非自杀性自伤行为，这一比例在某些高风险群体中甚至更高。这意味着在一个普通的班级里，可能就有几个孩子曾经或正在经历这种行为。

1. 儿童青少年非自杀性自伤行为现状

非自杀性自伤行为在儿童青少年中并不罕见，尤其在面对情绪困扰、压力和挫折时，他们可能选择通过自伤来寻求情绪释放。近年来，随着社交媒体的普及，一些青少年甚至会在网上分享自己的自伤经历，形成一种负面的模仿效应。

社交媒体在现代青少年的生活中扮演着重要角色，虽然它提供了许多社交和信息获取的机会，但也带来了很多负面影响。比如，一些孩子在网上看到别人分享自伤的照片或故事，可能会受到影响，认为这种方式可以解决自己的情绪问题。

2. 儿童青少年非自杀性自伤行为风险因素

多个因素可能导致儿童青少年出现非自杀性自伤行为：

（1）心理健康问题

抑郁、焦虑、情绪不稳定等心理健康问题是非自杀性自伤行为的重要风险因素。许多孩子在面对情绪困扰时，缺乏有效的应对策略，可能会选择自伤作为一种情绪释放的方式。

（2）家庭环境

家庭关系不和谐、父母的忽视或虐待、缺乏情感支持等都会增加孩子自伤的风险。如果孩子在家中得不到应有的关爱和支持，他们可能会感到孤独和无助，从而转向自伤来寻求一种情绪上的发泄。

（3）社交压力

在学校或社交圈中受到欺凌、孤立或排斥，可能导致孩子通过自伤来应对内心的痛苦。被同学排斥或欺负的孩子，往往会感到自卑和无助，他们可能会通过自伤来转移这些负面情绪。在一项调查中，一名被同学欺凌的初中生表示，通过自伤，他能够找到一种控制感，从而减轻心理上的痛苦。

（4）个人特质

自尊心低、自我控制能力差、冲动性强的孩子更容易出现自伤行为。这些孩子在面对压力和挫折时，往往缺乏有效的应对策略，容易采取极端的方式来缓解自己的情绪。比如，一个冲动性强的孩子在情绪失控时，可能会选择用自伤来发泄。

（5）社交媒体

在网络上看到或听到他人的自伤经历，可能会促使一些孩子模仿这种行为。社交媒体的传播速度快，影响范围广，很多孩子在网上看到别人分享自己自伤的照片或故事，可能会受到影响，认为这种方式可以解决自己的情绪问题。

通过了解这些风险因素，家长和老师可以更好地识别和预防非自杀性自伤行为，及时采取措施帮助孩子应对情绪问题。了解非自杀性自伤行为的现状和风险因素，是我们帮助孩子们走出困境、恢复健康的重要一步。家长和老师应多关心孩子的情绪变化，提供必要的支持和帮助，创造一个安全和谐的成长环境，让孩子们感受到爱和关怀，从而减少非自杀性自伤行为的发生。

（二）非自杀性自伤行为的定义和常见表现

1. 非自杀性自伤行为的定义

非自杀性自伤行为是指个体在没有自杀意图的情况下，通过故意割伤、烧伤、撞击等方式伤害自己的行为。这种行为往往是为了缓解情绪上的痛苦、表达内心的压抑或寻求注意和帮助。简单来说，孩子通过自伤来应对内心的压力和痛苦，他们可能觉得通过身体上的痛感，能够短暂地忘却心理上的烦恼。

2. 常见表现

非自杀性自伤行为的表现形式多种多样，以下是一些常见的表现：

（1）身体上的伤痕

①反复伤痕：孩子身上可能会反复出现的割伤、烧伤、瘀伤等痕迹，这些伤痕通常集中在手腕、手臂、大腿等容易隐藏的部位。家长和老师在发现这些伤痕时应引起重视，因为这可能是孩子自伤的迹象。比如，一个孩子可能会用刀片划自己的手臂，或者用火烧自己的皮肤。

②隐藏伤痕：孩子可能会尽量隐藏这些伤痕，经常穿长袖长裤，即使在炎热的天气也是如此。他们可能会拒绝在公共场合脱掉外套或卷起袖子，担心别人看到他们的伤痕。家长如果注意到孩子在炎热的天气仍然穿着长袖，应该主动关心他们，了解背后的原因。

（2）行为上的异常

①对疼痛的高耐受性：孩子可能会表现出对疼痛的高耐受性，他们似乎并

不在意甚至享受这种痛感。这种行为可能会让人感到困惑，但实际上是他们通过疼痛来转移和缓解心理上的痛苦。比如，一个孩子在受伤后并不表现出疼痛的反应，反而显得更加平静。

②行为上的变化：孩子可能会表现出一些异常行为，比如，突然变得沉默寡言、不愿意与人交流，或者突然变得非常活跃和冲动。他们可能会避免与家人和朋友接触，喜欢独处，甚至会拒绝参加以前喜欢的活动。家长和老师应注意这些行为变化，并与孩子进行沟通，了解他们内心的真实感受。

（3）情绪上的波动

①剧烈的情绪波动：自伤行为往往伴随情绪的剧烈波动，孩子可能会表现出易怒、抑郁、焦虑等情绪问题。他们可能会因为小事大发脾气，或者突然变得非常悲伤和绝望。这些情绪波动可能会让家长和老师感到困惑，但实际上是孩子内心痛苦的外在表现。

②情绪低落和无助感：孩子可能会长期感到情绪低落和无助，认为自己无法解决面临的问题，从而通过自伤来寻求短暂的情绪释放。他们可能会表现出对生活缺乏兴趣，觉得一切都没有意义。这些负面的情绪往往会进一步加重自伤行为的频率和严重程度。

（4）自我评价低

许多自伤的孩子对自己有非常负面的评价，认为自己不值得被爱或者没有价值。他们可能会表现出自卑、自责，甚至认为自己的存在是家庭和社会的负担。这种低自我价值感是导致自伤行为的重要因素之一。

通过了解这些常见表现，家长和老师可以更好地识别孩子是否存在非自杀性自伤行为，并及时采取措施帮助他们应对这种问题。识别和理解这些表现是帮助孩子走出困境的重要一步，家长和老师应保持敏锐的观察力和细致的关心，为孩子提供必要的支持和帮助。

（三）非自杀性自伤行为对青少年的影响

1. 对心理健康的影响

非自杀性自伤行为不仅是心理问题的表现，也是心理问题的加重因素。自伤行为会让孩子陷入恶性循环，越自伤，心理状况越差，心理状况越差，就越需要通过自伤来缓解痛苦。

（1）恶性循环

当孩子通过自伤来缓解内心的痛苦时，他们可能会暂时感觉好一些，但这种缓解是短暂的。随后，他们的情绪问题并没有得到根本解决，反而可能因为自伤行为而感到更多的羞耻和自责，这会进一步加重他们的心理负担。于是，孩子可能会再次选择通过自伤来逃避这些负面情绪，形成一个不断重复的恶性循环。

（2）加重心理问题

长期的自伤行为会使孩子的抑郁、焦虑等心理问题进一步加重。他们可能会感到更加绝望和孤立，认为没有其他办法可以缓解自己的痛苦。这种恶性循环不仅影响孩子的情绪稳定，还可能导致他们对生活失去兴趣，甚至出现自杀的念头。

2. 对身体健康的影响

反复的自伤行为会对孩子的身体造成直接伤害，包括皮肤感染、组织损伤，甚至可能导致永久性的疤痕和功能障碍。如果自伤行为没有得到及时处理，伤口可能会恶化，增加感染的风险。

（1）皮肤感染和组织损伤

反复的割伤、烧伤等行为会对皮肤和组织造成严重损害。未能及时和正确处理的伤口容易感染，导致更严重的健康问题。

（2）永久性的疤痕和功能障碍

反复的自伤行为可能会在身体上留下永久性的疤痕，这不仅影响外观，还可能对孩子的自尊心造成打击。严重的自伤行为甚至可能导致某些部位的功能障碍，比如肌肉和神经的损伤，影响孩子的正常生活和活动。

（3）潜在的致命风险

虽然非自杀性自伤行为的初衷并不是自杀，但频繁和严重的自伤行为可能会不小心造成致命的后果。比如，割伤的深度和位置不当可能会伤及主要血管，导致大量出血，危及生命。

3. 对家庭和社会的影响

孩子的自伤行为会对家庭产生巨大冲击，家长可能会感到极大的痛苦和无助，不知道如何帮助孩子。这种行为还可能影响孩子在学校的表现和社交关系，导致学业和社交生活的进一步恶化。

（1）家庭的心理负担

家长在发现孩子自伤行为后，通常会感到极大的震惊、愤怒、内疚和无助。他们可能会自责，认为是自己的失职导致了孩子的问题，同时又不知道如何正确帮助孩子。这种无力感会让家庭氛围变得紧张和压抑，进一步影响孩子的情绪和行为。

（2）影响学业和社交关系

自伤行为往往会影响孩子在学校的表现。他们可能因为心理和生理上的困扰，无法集中注意力学习，导致成绩下降。同时，孩子可能会因为自伤行为变得更加孤僻，避免与同学和朋友交往，导致社交关系恶化。学校环境对孩子的成长至关重要，学业和社交关系的恶化会进一步加重孩子的心理问题。

（3）社会资源的消耗

非自杀性自伤行为需要大量的医疗和心理资源进行干预和治疗。这不仅对家庭造成经济负担，也对社会资源提出了挑战。长期的自伤行为如果得不到有效的干预，可能会导致更为严重的社会问题，如犯罪率和自杀率的上升。

通过了解非自杀性自伤行为对青少年的多方面影响，家长和老师可以更有针对性地采取措施，帮助孩子走出困境。及时的心理干预、家庭支持和社会资源的有效利用，可以在很大程度上帮助孩子恢复心理健康，避免非自杀性自伤行为的进一步恶化。

（四）如何识别和应对非自杀性自伤行为

1. 如何识别

（1）身体上的迹象

家长和老师可以通过观察孩子的身体状况来识别自伤行为。常见的迹象包括反复出现的割伤、烧伤、瘀伤等痕迹，尤其是集中在手腕、手臂、大腿等部位。孩子可能会经常穿长袖长裤，即使在炎热的天气也是如此，以掩盖伤痕。

①反复出现的伤痕：如果孩子身上反复出现割伤、烧伤或瘀伤，这些伤痕可能集中在手腕、手臂、大腿等容易隐藏的部位。家长和老师在日常生活中应留意这些异常情况，及时发现和识别。

②穿着异常：孩子如果在炎热的天气里仍然坚持穿长袖长裤，可能是为了掩盖身体上的伤痕。家长可以通过观察孩子的穿着变化来判断他们是否有自伤行为。如果发现孩子在炎热的天气里仍然穿着厚重的衣物，应引起重视，及时与孩子沟通。

（2）行为和情绪变化

孩子如果表现出情绪波动大、易怒、抑郁、焦虑等情绪问题，或者突然变得孤僻、不愿参加社交活动，都可能是自伤行为的信号。家长和老师应注意这些异常行为，并及时与孩子沟通，了解他们的内心世界。

①情绪波动：孩子的情绪波动较大，可能会因为小事大发脾气，或者突然变得非常悲伤和绝望。这些情绪波动可能是内心痛苦的外在表现。

②社交退缩：孩子可能会变得孤僻，不愿参加社交活动，避免与同学和朋友接触。家长和老师应关注孩子的社交行为变化，及时发现问题。

③学业退步：孩子在学校的表现突然退步，注意力难以集中，成绩下降。这些变化可能是心理问题的表现，家长和老师应及时关注。

2. 如何应对和处理

（1）专业咨询

如果发现孩子有自伤行为，家长应及时寻求专业帮助。心理医生或专业咨询师可以通过谈话和行为疗法，帮助孩子应对情绪问题，逐步减少自伤行为。必要时，还可以寻求精神科医生的帮助，通过药物治疗缓解孩子的心理症状。

①心理咨询：心理医生或专业咨询师可以帮助孩子了解自己的情绪，学会用健康的方式表达和处理情绪。通过专业的心理治疗，孩子可以逐步减少自伤行为，恢复心理健康。

②行为疗法：行为疗法可以帮助孩子识别和改变负面的思维模式，学会用积极的方式应对压力和挫折。心理医生可以通过一系列的治疗方法，帮助孩子建立健康的心理状态。

③药物治疗：在严重的情况下，医生可能会建议药物治疗。药物治疗可以帮助孩子缓解抑郁和焦虑等症状，但必须在专业医生的指导下进行。

（2）自主策略

孩子自己也可以通过一些自主策略来调节情绪，缓解压力，减少自伤行为。

①情绪调节技巧：教孩子学会用健康的方式表达和处理情绪，如通过写日记、绘画、听音乐等方式释放内心的压力。这些方法可以帮助孩子找到发泄情绪的出口，不再依赖自伤来缓解痛苦。

②压力管理方法：帮助孩子建立良好的生活作息，保持规律的饮食和充足的睡眠，参加体育锻炼，培养兴趣爱好，分散注意力，减少焦虑和压力。良好的生活习惯可以增强孩子的身体抵抗力，帮助他们应对日常生活中的压力和挑战。

③替代性应对策略：鼓励孩子在感到需要自伤时，尝试用其他无害的方式来应对情绪，如通过挤握橡皮球、冰块等释放的压力。这些替代性策略可以帮助孩子逐渐减少自伤行为，学会用更健康的方式来处理情绪。

通过家庭、学校和社会的共同努力，我们可以为孩子们提供一个更加安全、健康的成长环境，帮助他们有效预防和应对非自杀性自伤行为。家长们在日常生活中多关心、多倾听、多支持，让孩子们感受到爱和温暖，才能更好地帮助他们战胜内心的痛苦，走向健康和快乐的未来。非自杀性自伤行为是青少年常见但严重的心理问题。通过及时识别和有效应对，我们可以帮助孩子们走出困境，恢复心理健康。家长、老师和专业人士的共同努力，对于孩子的成长至关重要。让我们一起关注孩子的心理健康，为他们创造一个充满爱和关怀的成长环境。

四 注意缺陷多动障碍

注意缺陷多动障碍（Attention Deficit Hyperactivity Disorder，ADHD）是一种常见的神经发育障碍，通常在儿童时期被诊断出来，但症状可持续到成年。ADHD 不仅影响个体的学业和职业表现，还可能给他们的社会关系和日常生活产生深远的影响。

（一）常见症状和表现

ADHD 的症状通常分为三个主要方面：注意力缺陷、多动表现和冲动行为。这些症状可以单独出现，也可以同时存在。以下是对每一类症状的详细描述：

（1）注意力缺陷

注意力缺陷的主要表现是难以持续专注，尤其是在需要长时间集中注意力的任务中。具体表现包括：

容易分心：对外界环境的细小变化非常敏感，很容易被干扰。

无法完成任务：经常无法完成作业、项目或其他任务。

忘记事情：容易忘记日常活动或任务，如忘记交作业或错过约会。

组织能力差：难以有效地组织工作或学习材料，常常显得杂乱无章。

避免需要持久专注的任务：对于需要长时间注意力的任务，如阅读长篇文章或完成复杂的工作，往往会感到厌倦或逃避。

（2）多动表现

多动的症状在儿童和成人中有所不同，但总体表现为活动过度和无法静坐。具体表现包括：

手脚不停：坐着时，常常会晃动手脚或在座位上扭动。

难以安静地进行活动：如在课堂上或会议中，无法保持安静或静坐。

过度谈话：在不适当的场合中，说话过多。

行动不停：如在公共场所跑来跑去或攀爬，成人可能表现为持续不断地忙碌。

（3）冲动行为

冲动的主要表现为难以等待和控制情绪。具体表现包括：

打断他人：在对话中常常打断他人或插话。

无法等待：在排队或等待轮到自己时表现出明显的难以忍耐。

冲动行为：做事之前不考虑后果，如在冲动下购物、驾驶过快等。

（二）ADHD 的原因和影响

1. ADHD 的潜在原因

ADHD 的确切原因尚不完全清楚，但研究表明其发生可能是多种因素综合作用的结果。以下是一些可能的原因：

（1）遗传因素

ADHD 具有显著的遗传性。研究发现，ADHD 在家庭中具有较高的遗传倾向。如果父母或兄弟姐妹中有人患有 ADHD，其他家庭成员患病的风险也会增加。基因研究表明，多个基因可能与 ADHD 的发生有关，但这些基因的具体作用仍需进一步研究。

（2）脑功能和结构异常

神经影像学研究发现，ADHD 患者的大脑某些区域可能存在结构和功能上的异常。例如，前额叶皮层（负责执行功能和注意力控制的区域）在 ADHD 患者中可能表现出活动不足或体积减小。此外，多巴胺和去甲肾上腺素等神经递质在 ADHD 患者中的代谢可能存在异常。

（3）环境因素

环境因素在 ADHD 的发生中也可能起到一定作用。例如，母亲在妊娠期间吸烟、饮酒或使用药物可能增加孩子患 ADHD 的风险。此外，早产、低出生体重以及某些脑损伤也可能与 ADHD 的发生有关。

2. ADHD 对个人和社会的影响

ADHD 不仅对个体的生活产生深远的影响，也对家庭、学校和社会产生一定的负面影响。以下是 ADHD 的主要影响：

（1）学业和职业表现

ADHD 患者常常在学业上表现不佳，这主要是由于他们难以集中注意力、完成任务和遵守规则。学业上的困难可能导致低自尊和高辍学率。在职业生涯中，ADHD 患者可能难以保持稳定的工作，表现出组织和时间管理上的困难，影响职业发展。

（2）社交关系

ADHD 患者在社交互动中常常遇到困难，如难以遵守社交规则、冲动行为和情绪控制问题。这些问题可能导致他们在家庭和朋友关系中发生冲突，难以维持稳定的人际关系。

（3）情绪和心理健康

ADHD 患者常常伴随其他情绪和心理健康问题，如焦虑、抑郁和低自尊。这些共病状况可能加重 ADHD 的症状，进一步影响他们的生活质量。

（4）高风险行为

由于冲动性和注意力缺陷，ADHD 患者可能更容易从事高风险行为，如吸烟、酗酒、滥用药物和危险驾驶。这些行为不仅对个人健康构成威胁，也增加了社会的医疗和公共安全负担。

（三）如何识别 ADHD

1. 诊断标准和过程

ADHD 的诊断通常基于《精神疾病诊断与统计手册》（DSM-5）中的标准。诊断过程通常包括以下几个步骤：

（1）症状评估

根据 DSM-5 标准，ADHD 的诊断需要存在至少 6 个月的注意力缺陷和 / 或多动冲动症状。这些症状必须在 12 岁之前出现，并在两个或两个以上的环境中存在（如学校和家庭）。

（2）症状严重度和影响评估

评估症状的严重程度和对日常生活的影响是诊断过程的重要部分。医生会询问患者及其家长、老师或其他熟悉患者的人，了解症状对学业、职业和社交生活的影响。

（3）排除其他可能的原因

在确诊 ADHD 之前，医生需要排除其他可能引起类似症状的原因，如焦虑症、抑郁症、学习障碍、睡眠障碍和其他神经发育障碍。这可能需要进行详细的病史询问和其他医学检查。

2. 评估工具和方法

除了临床访谈和观察外，医生还可能使用一些标准化的评估工具来帮助诊断 ADHD。这些工具包括：

（1）问卷和量表

常用的问卷和量表包括 Conners 评估量表、ADHD 症状清单和儿童行为量表。这些工具可以帮助量化症状的严重程度，并提供客观的数据支持。

（2）行为观察

在学校或家庭中进行的行为观察可以提供有关患者在自然环境中的行为表现的信息。这有助于了解症状在不同环境中的表现，并评估干预措施的效果。

（3）神经心理学测试

神经心理学测试可以评估患者的注意力、记忆、执行功能和其他认知能力。这些测试有助于了解患者的具体认知功能障碍，并为个性化的干预方案提供依据。

3. 与其他疾病的鉴别

ADHD 的症状可能与其他多种心理和行为障碍相似，因此，准确的鉴别诊断非常重要。以下是一些常见的需要鉴别的疾病：

（1）焦虑障碍

焦虑障碍患者可能表现出注意力不集中和多动，但这些症状通常是由于焦虑引起的。焦虑症的其他特征包括过度担心、紧张和身体症状等（如心跳加速、出汗）。

（2）抑郁障碍

抑郁障碍患者可能表现出注意力不集中和动力不足，但其主要症状是持久的悲伤、兴趣丧失和情绪低落。抑郁症的治疗通常需要抗抑郁类药物和心理治疗。

（3）睡眠障碍

睡眠障碍（如失眠和睡眠呼吸暂停）可能导致注意力不集中和白天嗜睡。睡眠障碍的治疗通常包括改善睡眠卫生和使用特定的治疗方法（如正压通气治疗）。

（四）ADHD 的治疗和应对策略

1. 药物治疗

药物治疗是 ADHD 治疗的重要组成部分，特别是对于症状严重影响日常生活的患者。常用的药物包括：

（1）中枢神经兴奋剂

中枢神经兴奋剂是治疗 ADHD 的首选药物。这些药物通过增加大脑中多巴胺和去甲肾上腺素的水平来改善注意力和控制多动冲动行为。兴奋剂药物的副作用包括食欲下降、失眠和心率加快。

（2）非兴奋剂药物

对于无法耐受或不适合使用兴奋剂的患者，非兴奋剂药物是替代选择。这种非兴奋剂药物的副作用包括胃肠不适、头痛和嗜睡。

这些药物通过不同的机制帮助控制 ADHD 的症状，包括提高神经递质的水平、改善注意力和减少冲动行为。药物的选择通常基于患者的具体症状、反应和可能的副作用，由医生制订个性化治疗方案。

2. 行为治疗

行为治疗是 ADHD 治疗的重要组成部分，特别是对于儿童和青少年。行为治疗的方法包括：

（1）行为管理

行为管理技术包括正强化、负强化和代币经济制度。这些技术可以帮助患者学会控制冲动行为并建立良好的习惯。家长和老师的参与对于行为管理的成功至关重要。

（2）认知行为治疗

认知行为治疗（CBT）是一种短期、结构化的心理治疗，旨在改变负面的思维模式和行为。CBT 可以帮助 ADHD 患者改善注意力、组织能力和情绪管理。

（3）社交技能训练

社交技能训练可以帮助 ADHD 患者学习和改善社交互动中的技能，例如，如何建立和维持友谊、解决冲突和理解社交规则。这对于儿童和青少年尤为重要，有助于改善他们的社交关系和情绪健康。

3. 家庭和学校的支持

家庭和学校的支持对 ADHD 患者的康复和管理至关重要。以下是一些有效的支持策略：

（1）家庭支持

家庭是 ADHD 患者最重要的支持来源。家长可以通过以下方法提供支持：

了解 ADHD：家长应该尽可能多地了解 ADHD，包括其症状、原因和治疗方法。这有助于他们更好地理解和应对孩子的行为。

建立一致的家庭规则和结构：明确的规则和结构可以帮助 ADHD 患者建立良好的行为习惯和组织能力。家长应该在家庭中建立一致的规则，并对孩子的行为进行一致的管理。

建立一致的家庭规则及结构对于帮助患有注意缺陷多动障碍（ADHD）的

儿童发展良好的行为习惯和组织能力至关重要。这一策略不仅能提供稳定的环境，还能减少行为问题，提高孩子的自我控制能力。以下是一些具体的例子和方法。

①制定家庭作息时间表：固定的起床和就寝时间。每天早上 7 点起床，晚上 9 点上床睡觉。确保孩子每天的睡眠时间一致，有助于他们的情绪稳定和注意力集中。

固定的用餐时间：每天的早餐、午餐和晚餐时间固定。例如，早餐在 7:30，午餐在 12:00，晚餐在 18:00。这有助于建立规律的饮食习惯。

固定的作业和娱乐时间：放学回家后，安排一个固定的时间段来完成家庭作业，例如，16:00 到 17:00，之后再进行娱乐活动。这样可以帮助孩子在特定时间内集中精力完成任务。

②明确的家庭规则：作业完成前不玩电子设备。规定在完成家庭作业之前，不允许使用手机、平板或计算机进行娱乐活动。这可以减少分心，促使孩子专注于学习任务。在公共场合使用礼貌用语。如在外出就餐或与他人交谈时，要求孩子使用“请”“谢谢”等礼貌用语。这有助于培养良好的社交技能。在指定区域吃东西。规定只能在餐桌或厨房区域进食，不允许在卧室或客厅吃东西。这可以帮助孩子保持家中清洁，同时培养孩子遵守规则的意识。

③使用视觉提示和奖励系统：行为图表。在家中显眼的位置张贴一张行为图表，列出每天需要完成的任务和规则。如早上起床后整理床铺、完成作业后收拾书桌等。完成每项任务后，可以用贴纸或标记进行奖励。代币经济制度。制定一个代币系统，当孩子遵守规则或完成任务时，给予代币奖励。积累一定数量的代币后，可以兑换奖励，如选择周末活动或购买小礼物。这样可以通过积极强化来鼓励良好行为。

④设立明确的家庭职责：每天家庭任务清单。制定一张家庭任务清单，列出每个家庭成员的具体职责。例如，孩子每天负责清理自己的房间，帮忙摆放餐具等。明确的职责可以帮助孩子培养责任感和自我管理能力。轮流执行家务。设立轮流执行的家务制度，如每周轮流负责倒垃圾、洗碗等家务。这可以帮助孩子理解团队合作的重要性，并培养他们的劳动意识。

⑤定期家庭会议：每周家庭会议。每周固定时间召开家庭会议，讨论过去

一周的表现，解决问题，并制订下周的计划。例如，每周日晚饭后，家人一起讨论过去一周的表现，表扬好的行为，讨论需要改进的地方，并制订新一周的目标。让孩子参与制定规则。在家庭会议中，鼓励孩子参与讨论和制定家庭规则。这不仅可以增加他们的责任感和参与感，还可以确保规则更符合孩子的实际情况和需求。

⑥一致的行为管理：明确的奖励和惩罚制度。制定清晰的奖励和惩罚制度，确保每次行为管理的一致性。例如，当孩子遵守规则时，给予小奖励，如额外的游戏时间等；当孩子违反规则时，采取适当的惩罚措施，如减少玩电子设备的时间等。统一的家长态度。父母之间应保持一致的教育态度和方法，不要在孩子面前互相否定。这样可以避免孩子利用父母间的不一致，影响行为管理的效果。

⑦创造结构化的环境：固定的学习和玩耍区域。在家中为孩子设置固定的学习区域和玩耍区域。例如，在孩子的房间中设立一个专门的学习角，有书桌、书架和学习用品；在客厅或院子中设立玩耍区域，有玩具和游戏设备。这样可以帮助孩子区分不同活动的时间和地点。减少环境中的干扰。在孩子学习或完成任务时，尽量减少环境中的干扰，如关掉电视、收起不相关的玩具和物品。这可以帮助孩子更容易集中注意力。

通过以上这些具体的方法和例子，家长可以为 ADHD 儿童创造一个稳定、有序和支持性的家庭环境。这不仅有助于减少行为问题，还能提高孩子的自我管理能力和生活质量。对于每个家庭而言，根据孩子的具体情况和需求，灵活调整和应用这些策略，可以达到更好的效果。

提供积极的正强化：正强化可以帮助孩子建立自信和积极的行为习惯。家长应该及时表扬和奖励孩子的良好行为，而不是仅仅关注负面行为。

（2）学校支持

学校也是 ADHD 患者重要的支持环境。教师和学校工作人员可以通过以下方式提供支持：

①个别化教育计划：个别化教育计划（IEP）是为有特殊教育需求的学生制订的个性化学习计划。IEP 可以包括额外的时间完成作业、使用辅助技术和提供行为管理支持。

②小组辅导：小组辅导可以为 ADHD 学生提供一个支持性环境，帮助他们改善学业和社交技能。小组辅导可以由教师、心理学家或其他专业人员主持。

③教师培训：教师应该接受有关 ADHD 的培训，以便他们能够识别和支持患有 ADHD 的学生。教师培训可以包括行为管理技术、课堂管理策略和个性化教学方法。

（3）自我管理策略

自我管理策略对 ADHD 患者尤为重要。以下是一些有效的自我管理策略：

①时间管理：时间管理是 ADHD 患者面临的主要挑战之一。有效的时间管理策略包括：

使用日历和计划表。每天使用日历和计划表来安排任务和活动，有助于患者保持组织和计划性。

设定优先级。将任务按重要性和紧急程度进行排序，有助于患者集中注意力完成最重要的任务。

分解任务。将大型任务分解为小步骤，有助于患者逐步完成任务，而不会感到不知所措。

②环境管理：环境管理可以帮助 ADHD 患者减少分心，提高注意力。有效的环境管理策略包括：

创建一个安静的环境。选择一个安静、无干扰的工作环境，有助于患者集中注意力。

使用白噪声。白噪声可以帮助屏蔽外界噪声，提高注意力和集中度。

减少杂乱。保持工作区域整洁有序，有助于患者减少分心，保持注意力集中。

③健康的生活方式：健康的生活方式对 ADHD 患者的整体健康和症状管理至关重要。以下是一些健康生活方式的建议：

规律的体育锻炼。规律的体育锻炼可以提高注意力、情绪和整体健康。ADHD 患者可以选择自己喜欢的运动，如跑步、游泳或瑜伽。

均衡饮食。均衡的饮食对大脑功能和整体健康至关重要。ADHD 患者应该尽量摄入富含营养的食物，如蔬菜、水果、全谷物和优质蛋白质。

充足的睡眠。充足的睡眠对注意力和情绪管理至关重要。ADHD 患者应该建立规律的作息时间，确保每天有足够的睡眠。

（五）ADHD 未来的研究和发展方向

在过去的几十年中，ADHD 的研究取得了显著进展。以下是一些主要的研究进展：

1. 遗传学研究

遗传学研究表明，ADHD 具有显著的遗传性。通过对基因组的广泛研究，科学家们发现了一些与 ADHD 相关的基因变异。这些基因变异涉及神经递质代谢、神经发育和突触功能等多个方面。

2. 神经影像学研究

神经影像学研究揭示了 ADHD 患者大脑结构和功能的异常。通过功能磁共振成像和结构磁共振成像，研究人员发现，ADHD 患者的前额叶皮层、基底神经节和小脑等区域可能存在异常。

3. 环境因素研究

环境因素在 ADHD 的发生和发展中也起到重要作用。研究表明，早产、低出生体重、母亲在妊娠期间吸烟和饮酒等因素可能增加孩子患 ADHD 的风险。此外，社会经济地位、家庭结构和教育环境也可能对 ADHD 的发生和发展产生影响。

五 孤独症谱系障碍

孤独症谱系障碍（Autism Spectrum Disorder，ASD）是一种神经发育障碍，以社交交流困难、行为和兴趣的局限与重复性为主要特征。近年来，随着对孤独症研究的深入和社会对孤独症认知的提高，越来越多的孤独症个体及其家庭得到了应有的关注和支持。

（一）孤独症谱系障碍的定义

孤独症谱系障碍是一组广泛存在于儿童及成人中的神经发育障碍，包括多种表现形式，从高度功能孤独症（如阿斯伯格综合征）到严重的孤独症都有涵盖。孤独症谱系障碍一词强调了这种障碍的多样性和连续性。

孤独症谱系障碍的主要特征包括：

1. 社交交流和互动的困难

孤独症患者个体在与他人进行社交互动和交流时常常遇到困难，例如，难以理解和回应他人的情感、面部表情和非语言暗示。

2. 行为和兴趣的局限性和重复性

孤独症患者个体通常表现出对某些特定事物的强烈兴趣，并反复进行某些行为或活动，这种行为模式可能会对他们的日常生活产生影响。

（二）孤独症谱系障碍的症状

孤独症谱系障碍的症状在不同个体之间有很大差异，以下是一些常见的症状：

1. 社交互动的困难

缺乏眼神交流；

很少主动与他人分享兴趣或情感；

难以理解和回应他人的情感和社交暗示；

对社交规则和行为感到困惑。

2. 沟通障碍

语言发育迟缓或缺乏语言；

使用非语言沟通（如手势、表情等）困难；

重复或刻板的语言表达；

语言理解和运用的困难。

3. 行为和兴趣的局限性和重复性

对特定物体或活动表现出极大的兴趣；

固定的日常活动和习惯，不喜欢变化；

重复的身体动作（如摇摆、拍手等）；

对感官刺激（如声音、光线、气味等）异常敏感或反应强烈。

4. 其他特征

注意力集中困难；

焦虑和情绪波动；

运动协调问题；

睡眠障碍。

（三）孤独症谱系障碍的原因

孤独症谱系障碍的确切原因尚不完全清楚。但研究表明，遗传和环境因素在孤独症的发病中都起着重要作用。

遗传因素：研究发现，孤独症在家庭中有一定的遗传倾向。如果一个双胞胎被诊断为孤独症，另一个双胞胎被诊断为孤独症的概率较高。此外，孤独症与一些基因突变和染色体异常有关。

环境因素：一些环境因素也可能增加孤独症的发病风险，包括孕期感染、孕期药物暴露、出生时的并发症和孕期营养不良等。然而，孤独症的环境因素并不是单一的，其与遗传因素相互作用，共同影响孤独症的发病。

（四）孤独症谱系障碍的干预方法

目前，孤独症谱系障碍没有治愈方法，但通过早期干预和支持，许多孤独症个体可以显著改善他们的社交能力、沟通技巧和生活质量。以下是一些常见的干预方法：

1. 行为疗法

应用行为分析是孤独症干预的主要方法之一。ABA（是一种广泛应用于特殊教育领域的教学方法，它主要通过分析和改变环境中的刺激来预测和改变重要行为，从而帮助个体更好地适应社会环境）通过正强化的方式，帮助个体学会新的技能，减少问题行为。

2. 语言和沟通治疗

语言治疗师可以帮助孤独症个体提高语言表达和理解能力，使用替代沟通方式（如图片交流系统）也可以改善非语言沟通能力。

3. 社交技能训练

社交技能训练通过模拟社交情境，帮助孤独症个体学习和应用社交规则和技巧。

4. 职业治疗

职业治疗师通过感觉统合训练和日常生活技能训练，帮助孤独症个体提高自理能力和独立性。

5. 教育干预

个别化教育计划可以根据孤独症个体的需求，提供适当的教育支持和服务。

6. 药物治疗

虽然没有专门针对孤独症的药物，但一些药物可以帮助缓解孤独症个体的共病症状，如焦虑、抑郁和注意缺陷多动障碍等。

六 精神分裂症

（一）精神分裂症的定义

精神分裂症是一种慢性、严重且常使人衰弱的精神疾病，影响个人的认知、情感和行为。患者通常会经历以下方面的困扰：

幻觉：感知不存在的事物，例如，听到不存在的声音（幻听）或看到不存在的东西（幻视）。

妄想：持有与现实不符的信念，例如，认为自己受到迫害（被害妄想）或认为他人都在议论自己，认为周围的事物都跟自己有关（关系妄想）。

思维混乱：难以组织思维和语言，使交流变得困难。

情感淡漠：情感反应减少或不适当，例如，对重要事件缺乏反应。

社交和职业功能的显著下降：难以维持正常的日常生活和工作能力。

（二）病因

精神分裂症的确切原因尚不完全明了。但研究表明，遗传和环境因素共同作用在其发病中起重要作用。

1. 遗传因素

精神分裂症在家族中有一定的遗传倾向。如果一个人的一级亲属（如父母或亲兄弟姐妹）患有精神分裂症，其患病的风险会显著增加。研究发现，多种基因变异与精神分裂症相关，但单一基因不足以导致该疾病的发生。

2. 环境因素

（1）出生前和出生时的因素

母亲在孕期的营养不良、病毒感染、妊娠并发症或分娩时的缺氧等因素可能增加子女患精神分裂症的风险。

（2）社会环境

童年期的创伤经历、压力、社会孤立和城市化等因素也可能增加患病风险。

（3）药物滥用

如青少年时期使用大麻、安非他命或其他致幻剂可能增加精神分裂症的发病风险。

3. 脑结构和功能异常

（1）脑影像研究

一些精神分裂症患者的大脑结构和功能存在异常，如大脑灰质减少、脑室扩大和某些脑区活动异常。

（2）神经化学

多巴胺和谷氨酸等神经递质的异常被认为与精神分裂症的症状有关。

（三）如何进行早期识别

1. 识别方法

（1）认知症状

注意力不集中：孩子可能表现出注意力难以集中，无法专注于学习或其他活动。

记忆力减退：短期记忆力下降，难以记住刚刚发生的事情或学习的内容。

思维混乱：思维过程变得混乱，难以组织语言，讲话含糊不清或不合逻辑。

（2）情感和行为变化

情感淡漠：情感反应减少或不适当，对愉快或痛苦的事情缺乏反应。

社交退缩：避免社交活动，与家人和朋友的互动减少，表现出孤立倾向。

兴趣减退：对以前感兴趣的活动失去兴趣，不愿参与日常活动。

（3）异常感知和思维

幻觉：孩子可能听到不存在的声音（幻听）或看到不存在的东西（幻视）。这些感知异常通常让孩子感到困惑和恐惧。

妄想：持有与现实不符的强烈信念，例如，认为有人在监视自己（被害妄想）。

（4）行为异常

异常行为：可能表现出奇怪的姿势、无目的地活动或行为突然变化。例如，孩子可能变得非常激动或表现出不寻常的行为。

睡眠和饮食习惯改变：睡眠模式和饮食习惯的显著变化，例如，失眠、嗜睡或饮食过度 / 减少等。

自我照顾能力下降：个人卫生和自我照顾能力明显下降，例如，不愿洗澡、不更换衣物等。

2. 监护人需要警惕的信号

（1）渐进性变化

精神分裂症的早期症状通常是渐进性出现的，家长应警惕以下变化：

学业成绩下降：孩子的学业成绩明显下降，难以完成学校任务。

情绪波动：情绪波动大，容易焦虑、抑郁或愤怒。

社会孤立：孩子变得越来越孤立，避免与朋友和家人交流。

（2）明显的行为变化

怪异的言行：孩子的言行变得怪异、不合常理，例如，说话内容不连贯或行为异常。

偏执和疑心：表现出明显的偏执和疑心，例如，认为有人在害自己或对日常事件产生不合理的恐惧。

（3）个人卫生和日常功能下降

忽视个人卫生：不再重视个人卫生和外表，例如，不愿洗澡、不换衣服等。

生活能力下降：难以完成日常生活中的基本任务，例如，上学、做家务等。

（四）治疗

精神分裂症的治疗主要包括药物治疗和心理社会干预，目标是控制症状、提高生活质量和促进社会功能的恢复。

1. 药物治疗

抗精神病药物是治疗精神分裂症的主要药物，分为典型抗精神病药物（如氯丙嗪、氟哌啶醇）和非典型抗精神病药物（如奥氮平、利培酮）。

辅助药物：如抗抑郁药、抗焦虑药和情绪稳定剂，可以帮助缓解共病症状，如抑郁、焦虑和情绪波动。

2. 心理社会干预

认知行为疗法（CBT）：通过改变负面思维模式和行为，帮助患者应对症状，提高功能。

家庭治疗：通过改善家庭沟通和应对策略，减少家庭压力和患者复发风险。

社会技能训练：通过模拟社交情境，帮助患者提高社交能力和自我管理能力。

第四章
压力及情绪的调节与管理

一 压力管理

（一）压力的来源以及影响

压力是一个多维度的概念，通常指的是个体在面对挑战、需求或威胁时所经历的心理和生理反应。压力可以由内部或外部的因素引起，涉及个体对这些因素的感知、评估以及如何应对的能力。

在心理学中，压力通常被定义为个体对环境中的压力源（Stressor）的反应。压力源可以是任何被个体感知为威胁或挑战的事件或情况，例如，工作任务、人际关系问题、经济困难或健康问题。当个体感知到这些压力源时，可能会经历一系列的心理和生理反应。这些反应旨在帮助他们适应或应对这些挑战。从生理学的角度来看，压力涉及身体的应激反应，是由大脑和内分泌系统协调的一系列复杂的生理变化。当个体感知到压力源时，大脑会激活下丘脑—垂体—肾上腺轴（HPA），导致肾上腺分泌肾上腺素和皮质醇等激素。这些激素的释放会提高心率、血压和血糖水平，为身体提供能量以应对压力。

社会学视角下的压力强调了社会结构和文化因素对个体压力体验的影响。社会压力可能源于社会期望、角色冲突、社会比较或社会支持的缺乏。这些社会因素可以影响个体对压力源的感知和应对方式。

综合上述各个学科的视角，压力可以被定义为个体在面对被感知为挑战或威胁的环境因素时，所经历的心理和生理反应的综合体。这些反应包括情绪体验（如焦虑、紧张）、认知评估（如对情况的解释和判断）、行为反应（如逃避或面对）以及生理变化（如激素分泌和身体紧张）。压力是一个动态的过程，它涉及个体与环境的相互作用。个体的压力体验受到其个性、应对资源、社会支持网络以及文化背景等多种因素的影响。理解压力的含义有助于我们更好地认识到压力对个体健康和能力的影响，并采取有效的策略来管理和减轻压力。

（二）青少年压力的常见来源

1. 学业压力

研究表明，学业压力是青少年压力的重要来源之一。高期望值和频繁的考试会导致青少年产生焦虑和抑郁情绪。

学业压力通常体现在青少年或老师、家长对学业成绩过度关注和担忧；青少年所面临的沉重作业负担以及频繁的考试和竞争激烈的升学压力。从学校的角度而言，学校通过考试和成绩来评估学生的表现。这种竞争性的评估体系可能使青少年感到必须不断地保持或提高自己的排名，才能达到老师的要求或是自我实现。从青少年个人成就感和自我价值而言，青少年可能将学业成绩与自我价值相关联，为了确保自己的成绩能够反映出他们自我的能力以及努力，故而可能感受到较大的压力。从对未来的担忧角度而言，青少年可能担忧学业成绩会影响他们将来的受教育或是职业选择的机会，这种对未来的不确定性也会导致青少年感受到较大的学业压力。从社交媒体以及广告的影响来看，媒体和广告大量宣传的青少年学业成绩优异的成功个体形象，可能会导致青少年认为必须在学校取得优异的成绩才能符合这些形象。

学业压力不仅影响青少年自身学习效率，还可能导致一系列身心健康问题。

2. 社交压力

社交压力在青少年中很常见，特别是在社交媒体盛行的时代。社交媒体上的形象管理和同伴压力会对青少年的心理健康产生显著的影响。

在青少年时期，朋友和同龄人的看法对个人的重要性显著增加。这一阶段，青少年渴望被同龄人接纳和认可。社交媒体的普及进一步加剧了这种压力。研究发现，青少年在社交媒体上的表现与他们的自我同一性和情绪状态密切相关。过度关注点赞和评论数会增加焦虑感和压力。

当前，网络欺凌同样扮演着为青少年带来社交压力的角色。网络欺凌是指通过电子设备（如手机、计算机、平板等）进行的欺凌行为，通常发生在社交媒体、即时通信平台、游戏平台和电子邮件等网络环境中。网络欺凌可以包括发送威胁性信息、散布谣言、公开羞辱、恶意排挤、盗用他人身份信息等行为。研究表明，网络欺凌在青少年中较为常见，尤其是在社交媒体和在线游戏平台上。

3. 家庭压力

家庭期望和家庭矛盾也是青少年压力的一个主要来源。父母的高期望和严格要求可能会让青少年感到无法满足，从而产生压力和焦虑。家庭环境对青少年的心理发展有着深远的影响。过高的家庭期望和压力会导致青少年产生无助感和挫败感。研究表明，父母过度干预和控制与青少年的焦虑和抑郁症状呈正相关。此外，家庭矛盾如父母离异、争吵等也会增加青少年的心理压力。

从家庭价值观与期望来看，家长可能过度且不合理地将教育视为改变命运与社会地位的唯一途径，因此对子女抱有极高的期望，将压力传递给子女；从沟通角度而言，家长与子女之间没有理性、有效的沟通模式，往往通向了更恶劣沟通模式的形成，从而降低了子女感知到的支持。这也可能导致青少年感知到更高的压力水平。

4. 身体压力

青春期的身体变化和对身体形象的不满是青少年压力的重要来源之一。研究发现，青少年对自己身体的负面评价与高水平的心理困扰密切相关。

青春期是身体和心理迅速变化的时期，青少年对自己身体的关注也随之增加。对身体形象的不满和焦虑在这一阶段尤为普遍，特别是在对体重和外貌的关注上。研究表明，青少年期的身体形象问题与低自尊、抑郁和饮食失调行为有显著关联。

（三）压力对青少年的影响

1. 压力的正面影响

适度的压力可以作为一种激励因素，促使青少年更加专注于任务，提高工作或学习的效率和质量。这种被称为“良性压力”或“良性紧张”的状态，可以帮助个体达到最佳表现。

面对压力，个体往往会发展出新的应对策略和解决问题的技能。这些技能不仅有助于应对当前的压力源，还可以在未来的挑战中发挥作用。通过经历和克服压力，个体可以增强心理韧性，即在逆境中恢复和适应的能力。这种韧性有助于个体更好地应对生活中的不确定性和变化。压力情境可以促使个体进行自我反思，了解自己的优势和弱点，从而促进自我认知和自我提升。这种自我探索有助于个体设定目标并追求个人成长。共同面对压力和挑战可以加强个体之间的社会联系和团队合作精神。这种团结和协作可以增强社会支持网络，为个体提供情感支持和资源共享。

2. 心理影响

长期的压力可能导致青少年出现焦虑症状，如过度担忧、紧张和恐惧。这些症状可能表现为对日常活动的过度担忧，对未来的不确定感，以及对失败或批评的极端恐惧。青少年可能会发现自己难以集中注意力，睡眠质量下降，甚至出现身体症状，如心悸和出汗。压力也可能增加青少年患抑郁症的风险，表现为持续的悲伤、失去兴趣和活力下降。抑郁症可能导致青少年对平时喜欢的活动失去兴趣，感到无助和绝望，甚至出现自杀念头。持续的压力可能导致青少年对自己的能力和价值产生怀疑，从而降低自尊心。青少年可能会对自己的外貌、学业成绩或社交能力感到不满，这会导致他们对自己的整体评价下降。自尊心下降可能进一步导致社交退缩和避免挑战，形成恶性循环。压力可能导致青少年的情绪变得更加不稳定，容易出现情绪波动和易怒。青少年可能会在没有明显原因的情况下感到情绪低落或愤怒，这可能影响他们与家人、朋友和同伴的关系。情绪波动也可能导致青少年在学习和社交活动中表现不稳定。长期的压力可能影响青少年的注意力和记忆力，导致学习效率下降。青少年可能会发现自己难以集中注意力完成作业或听课，记忆力也可能受到影响，导致学习新信息和回忆旧信息变得困难。认知功能受损可能会进一步影响青少年的学业成绩和自我效能感。

3. 生理影响

压力可能导致青少年出现失眠、睡眠中断或睡眠质量下降。青少年可能会发现自己难以入睡，夜间频繁醒来，或者早上醒来时感到疲惫不堪。睡眠问题可能进一步加剧压力和焦虑，形成恶性循环。压力可能导致青少年食欲增加或减少，进而影响体重和营养状况。一些青少年可能会通过过度进食来应对压力，而另一些则可能因为压力而失去食欲。这些饮食习惯的改变可能导致体重波动和营养不良，影响青少年的整体健康。长期的压力可能削弱免疫系统，会增加青少年患病的可能性。压力激素如皮质醇的长期升高可能抑制免疫系统的正常功能，使青少年更容易感染病毒和细菌。免疫系统功能下降可能导致青少年频繁生病，影响他们的学习和日常生活。

压力可能恶化已有的健康问题，如哮喘、糖尿病等。压力可能导致这些疾病的症状加剧，如哮喘发作频率增加、血糖控制变差。青少年可能需要更频繁地使用药物或医疗干预来管理这些健康问题。

4. 行为影响

青少年可能通过逃避学校、社交活动或家庭来应对压力。他们可能会缺课、避免与同伴交往，或者在家庭中退缩。逃避行为可能暂时减轻压力，但长期来看导致社交技能退化，学业成绩下降以及家庭关系紧张。为了缓解压力，一些青少年可能尝试吸烟、饮酒或滥用药物。这些物质可能暂时提供逃避现实的感觉，但长期使用导致依赖和健康问题。物质滥用还可能影响青少年的判断力和决策能力，增加危险行为的风险。压力可能导致青少年表现出更多的攻击性和冲动行为。他们可能会对同伴、家人或自己发泄情绪，导致冲突和伤害。攻击性和冲动行为可能进一步加剧青少年的社交问题和心理压力。压力可能影响青少年的学习动机和表现，导致成绩下降。青少年可能会因为压力而难以集中注意力，记忆力下降，或者缺乏完成作业和准备考试的动力。学习表现下降可能进一步加剧青少年的压力和自我怀疑。

5. 社交影响

压力可能导致青少年与家人、朋友和同伴之间的关系紧张。他们可能会因为情绪波动和行为改变而与他人发生冲突，导致信任和亲密感下降。人际关系紧张可能进一步加剧青少年的孤独感和压力。青少年可能因为压力而避免社交活动，导致社交技能发展受阻。他们可能会选择独处而不是参与集体活动，这可能影响他们的社交网络和情感支持。社交退缩可能导致青少年在成年后面临更多的社交挑战。为了逃避现实生活中的压力，青少年可能增加在社交媒体和网络游戏上的时间。虽然网络活动可能提供暂时的逃避，但过度使用可能导致现实生活中的社交和学业问题。网络使用增加还可能影响青少年的睡眠质量和身体健康。

（四）压力管理策略

1. 压力管理的重要性

有效的压力管理对于青少年的心理和生理健康至关重要。掌握并应用适当的压力管理技巧，可以帮助青少年减轻压力的负面影响，提升生活质量。通过学习和应用这些技巧，青少年可以更好地应对学业、社交和家庭中的压力源，保持身心健康。

2. 实用的压力管理方法

① 时间管理

操作：

使用日历或计划软件来安排任务和活动，为每项任务分配特定的时间段。

在每天或每周开始时，列出所有待办事项，并根据优先级进行排序。

为每项任务设定明确的开始和结束时间，避免过度延长工作时间。

注意事项：

确保计划中包含休息时间，避免过度劳累。

定期回顾和调整计划，以适应新的任务和变化。

原理：

有效的时间管理可以帮助减少因任务堆积而产生的压力，提高工作效率。

通过优先排序，可以确保最重要的任务得到优先处理，减少紧急情况的发生。

② 放松技巧

操作：

深呼吸：找一个安静的地方坐下，闭上眼睛，进行深呼吸练习。吸气时腹部膨胀，呼气时腹部收缩。

渐进性肌肉放松：找一个安静的地方躺下，从脚开始，逐渐向上至头部，紧张然后放松每个肌肉群。

冥想：每天固定时间进行冥想，可以选择专注于呼吸、重复某个词语或观察周围环境。

注意事项：

放松技巧需要定期练习才能达到最佳效果。

选择一个安静、舒适的环境进行放松练习。

原理：

深呼吸和渐进性肌肉放松可以减少身体的紧张及焦虑，帮助身体进入放松状态。

冥想有助于减少杂念，提高专注力，减少压力感。

③ 运动和体育活动

操作：

每周至少进行 150 分钟的中等强度运动，如快走、游泳或骑自行车等。

参加瑜伽或太极课程，这些活动结合了身体运动和呼吸控制。

注意事项：

选择自己喜欢的运动，以增加持续参与的可能性。

避免过度训练，确保运动后有足够的恢复时间。

原理：

运动可以释放内啡肽，这是一种自然的“感觉良好”化学物质，有助于提升心情。

定期运动可以提高睡眠质量，增强免疫系统，减少慢性疾病的风险。

④ 社交支持

操作：

与家人、朋友或同事定期交流，分享你的感受和压力。

参加支持团体或社区活动，与经历相似压力的人交流。

注意事项：

选择愿意倾听和支持的人进行交流。

避免将社交活动变成抱怨会，而是寻求积极的解决方案。

原理：

社交支持可以提供情感安慰和实际帮助，减少孤独感及压力感。

与他人交流可以获得新的视角和解决问题的方法。

⑤ 正念和自我关怀

操作：

通过正念冥想、正念饮食或正念行走等活动，培养对当前时刻的意识。

确保有足够的休息时间，进行自己喜欢的活动，如阅读、绘画或听音乐等。

注意事项：

正念练习需要耐心和持续地实践。

自我关怀活动应该是放松和愉悦的，避免将其变成另一项任务。

正念冥想小贴士

正念冥想步骤

深呼吸：

闭上眼睛，深呼吸几次，放松身体。注意呼吸的自然节奏，不要试图控制它。

专注呼吸：

将注意力集中在呼吸上，感受空气进出鼻孔的感觉，或者腹部随着呼吸的起伏。如果发现注意力开始游离，轻轻地将注意力带回到呼吸上。

观察身体感受：

注意身体的任何感觉，如脚接触地面的感觉、手放在大腿上的重量、身体的温度等。保持非判断性的态度，只是观察这些感觉，不对其进行评价。

观察思绪：

当思绪出现时，观察它们，就像观察天空中飘过的云彩一样。不要试图阻止或跟随这些思绪，只是简单地观察它们，然后轻轻地将注意力带回呼吸上。

观察情绪：

注意任何出现的情绪，无论是愉悦、悲伤、愤怒还是其他。同样地，保持非判断性的态度，只是观察这些情绪，然后回到呼吸上。

结束冥想：

花一点时间感受身体和周围环境，然后逐渐回到日常活动中。

原理：

正念可以帮助减少对过去或未来的担忧，提高对当前生活的满意度。

自我关怀活动可以恢复精力，提高应对压力的能力。

⑥认知重构

操作：

识别并挑战那些导致压力的负面思维模式，如过度概括、灾难化或个人化等。

培养积极的自我对话，专注于解决问题而不是问题本身。

注意事项：

认知重构可能需要专业指导，特别是在处理深层次的负面思维时。

保持开放和灵活的思维，愿意接受新的观点和解决方案。

原理：

认知重构可以帮助改变对压力事件的看法，减少其负面影响。

积极的自我对话可以提高自信和解决问题的能力。

⑦专业帮助

操作：

如果压力影响到了日常生活，考虑寻求心理咨询师或心理医生的帮助。

参加生物反馈课程，学习如何控制身体的压力反应。

注意事项：

选择有资质和经验的专业人士进行咨询。

保持开放和诚实的沟通，以便专业人士能够提供有效的帮助。

原理：

专业帮助可以提供个性化的策略和技巧，帮助应对特定的压力源。

生物反馈可以帮助个体了解和控制身体的压力反应，提高自我调节能力。

⑧睡眠管理

操作：

保持规律的睡眠习惯，每天同一时间上床睡觉和起床。

创造良好的睡眠环境，确保卧室安静、黑暗和适宜的温度。

注意事项：

避免在睡前使用电子设备，因为蓝光可能会干扰睡眠。

如果睡眠问题持续存在，考虑寻求医生的帮助。

原理：

良好的睡眠习惯可以提高睡眠质量，增强身体和大脑的功能。

充足的睡眠有助于减少压力和提高情绪稳定性。

⑨避免过度使用电子设备

操作：

在睡前至少一小时停止使用手机、计算机和电视。

设定每天的屏幕时间限制，特别是在工作和学习之外的时间。

注意事项：

寻找替代活动，如阅读纸质书籍或进行手工活动，以减少对电子设备的依赖。

保持电子设备的使用与休息时间的平衡。

原理：

减少屏幕使用时间可以改善睡眠质量，减少因信息过载和社交媒体引起的压力。

限制电子设备的使用有助于提高生活质量，增加与家人和朋友的互动时间。

二 情绪调节

情绪调节是指个体通过一定的方法和技巧来管理和调节自己的情绪，以保持心理平衡和健康。情绪调节能力与心理健康密切相关，可以帮助个体更好地应对生活中的各种挑战。通过学习和应用情绪调节技巧，青少年可以更好地管理自己的情绪，提升心理韧性和应对能力。情绪调节是一个复杂的心理过程，涉及个体对自己情绪状态的识别、理解、表达和调整。

（一）情绪识别

情绪识别是指个体对自己或他人情绪状态的觉察和理解。这个过程涉及对情绪的感知、分类和解释，是情绪识别的重要组成部分。情绪识别不仅包括识别基本的情绪，如快乐、悲伤、愤怒、恐惧、惊讶和厌恶，还包括识别更复杂的情绪状态和混合情绪。

情绪识别小技巧

自我观察

身体感受：青少年可以定期检查自己的身体感受，如心跳、肌肉紧张度、呼吸节奏等。这些生理反应往往是情绪的直接体现。

情绪日记：鼓励青少年每天花几分钟记录自己的情绪体验。日记可以包括情绪的名称、强度、持续时间、触发事件、身体感受和伴随的思维。

情绪追踪：使用情绪追踪应用程序或图表，帮助青少年使自己的情绪变化可视化，这有助于他们识别情绪模式和触发因素。

情绪标签化

情绪词汇学习：青少年可以通过阅读书籍、观看视频或参加工作坊来学习情绪词汇。了解更多的情绪词汇有助于他们更精确地描述自己的感受。

情绪标签练习：在日常生活中，鼓励青少年在感受到情绪时，用情绪词汇来标记它。这可以通过与朋友或家人讨论情绪体验来练习。

反思情绪触发因素

情绪日志：在情绪日志中，青少年可以记录导致特定情绪的情境或事件。这有助于他们理解情绪与外部事件之间的联系。

情绪分析：定期回顾情绪日志，分析哪些情境或事件最常引发特定情绪。这有助于青少年预测和准备未来的情绪反应。

情绪表达

安全环境：确保青少年知道他们可以在家庭和朋友的支持下安全地表达情绪。这可以通过开放式对话和倾听来实现。

情绪表达活动：鼓励青少年通过艺术、音乐、写作或体育活动来表达情绪。这些活动可以作为情绪释放的出口。

社交互动

观察他人：在社交场合中，青少年可以通过观察他人的面部表情、肢体语言和语调，以识别他人的情绪。

团体活动：参与团体活动，如讨论小组或团队运动，可以帮助青少年在社交环境中练习情绪识别和表达。

识别情绪是情绪调节的第一步。研究表明，情绪识别能力有助于个体更好地管理和调节自己的情绪。青少年时期是一个情绪波动较大的阶段，识别自己的情绪对于青少年的心理健康和社交发展至关重要。

（二）情绪评估

情绪评估是指个体对自己或他人情绪状态的强度、持续时间、影响以及可能的原因进行分析和判断的过程。这个过程有助于个体更好地理解情绪，从而采取适当的措施来管理情绪。情绪评估的方法如下：

1. 情绪识别

个体需要先识别出自己正在经历的情绪。这可能包括基本的情绪，如快乐、悲伤、愤怒、恐惧、惊讶和厌恶，以及更复杂的情绪状态。

2. 情绪强度评估

评估情绪的强度，即情绪的强烈程度。个体可以通过自我观察或使用情绪量表来判断情绪的强度，如从 1（非常轻微）到 10（非常强烈）的等级。

3. 情绪持续时间评估

注意情绪持续时间的长度。有些情绪可能很快便消失，而有些情绪则可能持续较长时间。了解情绪的持续时间有助于个体判断情绪的正常性或是否需要干预。

4. 情绪影响评估

评估情绪对个体生活各方面的影响，包括心理健康、社交互动、工作或学习表现等。这有助于个体了解情绪的实际后果。

5. 情绪原因分析

探索情绪的可能原因，包括外部事件、内部思维模式、生理状态或人际关系等。了解情绪的原因有助于个体采取针对性的情绪调节策略。

（三）情绪调节

1. 情绪调节的维度

情绪调节有 5 个维度，分别是情绪体验调节、认知调节、行为调节、生理调节和人际调节。

情绪体验调节是指在情绪事件发生时，通过各种方法和技巧调节自己对情绪的体验，以减轻负面情绪或增强正面情绪。其核心在于如何管理和改变情绪的主观感受和心理反应。当我们的体验过于强烈时，个体会有意识地进行调整。不同的情绪体验有着不同的情绪调节过程，可以采用不同的策略。例如，当我们感到愤怒的时候，可以尝试使用问题解决的策略降低自己的愤怒体验；当我们伤感的时候可能会采取回避的策略；当我们快乐的时候可能会更加乐于助人从而维持更长时间的快乐体验等。

情绪调节的认知维度，就像是你内心的导航系统，它帮助你选择如何解读和响应生活中的情绪路标。当你遇到一个让你感到沮丧的“路标”时，这个系统会提示你：“嘿，让我们换个角度来看这个问题，也许它并不像看起来那么糟糕。”或者，“让我们想想有什么办法可以解决这个情况”。通过这样的思维转换，你就像是在情绪的迷宫中找到了一条更顺畅的道路，让你的心情从阴霾转向晴朗。这就是情绪调节的认知维度，它通过改变我们的思考方式，让我们能够更好地驾驭情绪的风浪。

情绪调节的行为维度是我们通过改变我们的表情和行为来实现的，就像是你在情绪的舞台上扮演的角色。当你感到焦虑或愤怒时，这个维度会引导你采取行动，例如，深呼吸、散步或与朋友交谈，就像是在舞台上优雅地转身，用一系列精心编排的动作来平息内心的风暴。它不仅是关于如何表达情绪，更是关于如何通过具体的行为来调整和控制情绪的强度和持续时间。通过这些行为策略，你就像是在情绪的舞台上，用你的行动谱写出一幕幕和谐的乐章，让情绪的旋律变得更加悦耳动听。

情绪调节的生理维度，就像是你身体内部的精密仪器通过微调生理反应来校准你的情绪温度计。当你感到情绪波动时，这个生理维度会启动一系列的生理调整，例如，通过深呼吸来降低心率，就像是在情绪的海洋中放下锚，让波涛不再汹涌；或是通过运动来释放内啡肽，就像是给情绪的火焰添上一把温暖的柴火，让它不再炽烈而是温暖宜人。这些生理上的调整，就像是在情绪的调色板上轻轻涂抹，让原本浓烈的色彩变得柔和，让情绪的画卷更加和谐与平衡。情绪的生理调节是系统性的，这种调节将改变或者降低处理高唤醒水平的烦恼和痛苦的感受。

情绪调节的人际维度，宛如一场精心编排的社交舞蹈，它通过与他人的互动来调整和平衡你的情绪节奏。当你感到孤独或挫败时，这个人际调节维度会引导你走向他人，通过分享心事、寻求支持或参与集体活动，就像是在情绪的舞台上与舞伴交换着优雅的步伐，让彼此的情感得以共鸣和传递。这些人际的互动，就像是在情绪的织锦上添了一缕缕温暖的丝线，让原本单调的图案变得丰富多彩，让情绪的旋律在人与人之间流转，变得更加和谐与美好。

2. 情绪调节的策略

情绪调节的策略对于青少年来说，就像是一套精妙的工具箱，里面装满了各种有助于他们驾驭情绪波动的工具。以下是一些详细、生动且科学严谨的情绪调节策略，它们具有很强的可操作性，适合青少年使用。

（1）注意转换策略

注意转换策略的核心在于通过转移注意力来中断或减少对负面情绪刺激的关注。这种策略利用了大脑处理信息的能力，即通过改变注意力的方向，改变情绪体验。当个体将注意力从与负面情绪相关的刺激转移到其他事物上时，大脑对负面情绪的处理就会减少，从而降低情绪反应的强度。

操作：

识别情绪触发点：个体需要意识到自己正在经历负面情绪，并识别出导致这些情绪的具体触发点。

选择转移目标：个体需要选择一个可以转移注意力的目标。这个目标可以是任何中性或积极的刺激，如观看有趣的视频、听音乐、阅读书籍或进行体育活动。

实施转移：个体需要有意识地将注意力从负面情绪触发点转移到所选的目标上。这可能需要一些练习和努力，特别是对于那些习惯于沉浸在负面情绪中的人。

维持转移：一旦注意力成功转移，个体需要维持这种状态一段时间，以确保负面情绪得到有效缓解。这可能涉及持续参与转移活动，直到情绪稳定下来。

反思和调整：在情绪稳定后，个体可以反思注意转移策略的效果，并根据需要调整策略。这有助于个体在未来更有效地使用这种策略。

（2）趋近回避策略

趋近回避策略是一种基于行为主义理论的情绪调节方法，它涉及通过趋近或回避特定情境来调节情绪反应。趋近策略鼓励个体接近那些能够引发积极情绪的情境，而回避策略则鼓励个体远离那些可能引发负面情绪的情境。这种策略的原理在于，通过改变个体与环境的互动，影响情绪体验。

操作：

识别情绪情境：个体需要识别出哪些情境会引发积极或负面情绪。

趋近积极情境：对于积极情绪，个体应该采取趋近策略，即主动寻找和参与那些能够带来快乐和满足感的活动。

回避负面情境：对于负面情绪，个体应该采取回避策略，即尽量避免那些可能导致压力和不适的情境。

制订计划：个体需要制订具体的计划来实施趋近或回避策略，包括何时、何地以及如何进行这些活动。

评估和调整：个体应该定期评估趋近回避策略的效果，并根据需要进行调整。这可能涉及重新考虑哪些情境应该被趋近或回避，以及如何更有效地实施这些策略。

（3）认知重构策略

积极自我对话：当青少年遇到挫折时，鼓励他们用积极的话语来替换消极的自我批评。例如，当他们感到失败时，可以对自己说："这次我虽然没成功，但我学到了很多，下次我会准备得更充分。"

问题解决技巧：教导青少年如何像侦探一样识别问题的根源，然后像工程师一样设计解决方案。例如，如果他们因为时间管理不佳而感到压力，可以教他们如何制订时间表，优先处理重要任务。

（4）情绪表达策略

艺术疗法：让青少年通过绘画、音乐或写作等艺术形式，像艺术家一样表达自己的情绪。例如，他们可以通过画一幅画来表达自己的愤怒，或通过写一首诗来表达自己的喜悦。

情绪日记：鼓励青少年像历史学家记录历史一样记录自己的情绪变化，这有助于他们像科学家一样分析和理解自己的情绪模式。

（5）社交支持策略

寻求帮助：当青少年感到情绪困扰时，鼓励他们像探险家一样勇敢地向他人寻求帮助。例如，他们可以向朋友、家人或老师分享自己的感受，寻求他们的理解和支持。

建立支持网络：帮助青少年像建筑师一样建立一个坚实的社交圈，包括同龄人和成人，他们可以在需要时提供情感支持。

良好的情绪调节能够促进身心健康，而情绪失调不利于青少年的身心健康发展。长期的压抑悲伤与哭泣容易引起呼吸系统的疾病，不良的情绪表达也会加速癌症的恶化，压抑愤怒与心血管疾病、高血压的发病率有密切的关系。因此青少年习得良好的情绪调节策略是促进青少年身心健康发展的一个重要的方面。

三 个体健康四大基石

在追求健康和幸福的生活时，有四个关键要素构成了个体健康的基础：充足睡眠、均衡饮食、适度运动以及终身成长。这四个基石相互作用，使个体能够保持身体、心理和精神的全面健康。

（一）充足睡眠

1. 睡眠对心理健康的重要性

大多数人都曾有过睡眠困扰，易醒早醒、入睡困难、夜间如厕是最主要的睡眠困扰。此外，咳嗽、鼾声高、做噩梦、呼吸不畅、疼痛不适等也是睡眠困扰的原因。睡眠对于我们的身体和心理健康至关重要。它不仅是身体恢复和修复的时机，还是对认知功能、情绪调节和免疫系统起着至关重要的作用，国际上把睡眠与运动、营养一起视为保障机体正常发育和健康的三大要素，而睡眠是健康的基石。然而，许多人在忙碌的现代生活中往往忽视了睡眠的重要性，或者因为各种原因无法获得高质量的睡眠。

睡眠对心理健康的重要性：

（1）情绪调节

①情绪稳定：睡眠有助于调节大脑中的神经递质，如血清素和多巴胺，这些化学物质与情绪稳定和幸福感有关。充足的睡眠有助于情绪记忆的整合和处

理，减少负面情绪的影响，缺乏睡眠可能导致情绪波动，增加焦虑和抑郁的风险。

②压力管理：良好的睡眠有助于调节皮质醇水平，这是一种与压力反应相关的激素。高皮质醇水平与焦虑和抑郁有关，因此良好的睡眠有助于减轻压力，提高应对日常压力的能力。

睡眠对情绪的改善至关重要。通过确保充足的睡眠，我们不仅能够提高情绪稳定性，还能增强应对日常生活中压力和挑战的能力。

（2）认知功能

①注意力：睡眠有助于恢复大脑的注意力和集中力，对维持注意力和集中力至关重要，缺乏睡眠会导致注意力分散，影响工作效率和学习能力。

②决策能力：睡眠对决策制定有积极影响，充足的睡眠有助于提高风险评估和解决问题的能力，以便做出更好的决策。

③创造力：睡眠有助于激发创造力和创新思维，在睡眠过程中，大脑能够自由地连接不同的想法和概念。

我们可以利用睡眠来提高认知功能，从而提高工作和学习效率，提升创造力和解决问题的能力。

（3）改善记忆

①巩固记忆：睡眠期间，特别是深度睡眠和快速眼动（REM）睡眠阶段，大脑会重新激活和加强白天学习时形成的神经连接，有助于将短期记忆转化为长期记忆。非 REM 睡眠中的慢波睡眠（SWS）阶段，大脑会产生慢波。这个阶段对记忆的巩固尤其重要，同时在睡眠期间大脑会整合不同来源的信息，形成更加全面和深入的理解，有助于提高记忆的质量和深度。良好的睡眠可以减少新信息对旧记忆的干扰，保护记忆不受新学习内容的影响。

②突触可塑性：睡眠可以增强大脑的突触可塑性，即神经细胞之间的连接强度可以增加或减少的能力。这种可塑性是学习和记忆形成的基础。

③大脑清理：睡眠期间，大脑会清理掉一些不必要的神经连接，这个过程有助于提高大脑的效率，使记忆更加清晰。

④激素调节：睡眠时，大脑会释放一些激素，如生长激素，这些激素对神经细胞的生长和修复有益，从而支持记忆的形成。

为了改善记忆，建议保持良好的睡眠习惯，包括有规律的睡眠时间、保证充足的睡眠时间以及创造一个有利于睡眠的环境。

（4）身体健康

①免疫系统支持：睡眠时，身体会进行细胞修复和再生，这有助于恢复肌肉和组织的健康、增强免疫系统，使身体更能抵抗疾病和感染。睡眠是身体恢复的关键时段，包括免疫系统的恢复、肌肉的修复和生长。

②激素平衡：睡眠有助于调节身体内的激素水平，包括胰岛素、生长激素和皮质醇等，这些激素对身体健康至关重要。

③心血管健康：良好的睡眠有助于降低心脏病和高血压的风险，因为它有助于维持正常的血压和心率。

④体重管理：睡眠与食欲调节激素有关，包括瘦素和胃饥饿素，这有助于控制食欲和促进健康的体重。

⑤大脑健康：睡眠期间，大脑会清除废物和毒素，这有助于预防神经退行性疾病，如阿尔茨海默病。

然而，不好的睡眠或睡眠不足会对个体的身心健康产生一系列负面影响，包括：

①认知功能下降：长期睡眠不足不仅可能导致记忆力减退、注意力不集中、反应速度变慢和决策能力下降，还可能导致情绪波动，增加焦虑、抑郁和情绪不稳定的风险。

②免疫系统减弱：长期缺乏睡眠会削弱免疫系统，使人更容易感染病毒和细菌，影响身体的代谢过程和激素水平，如胰岛素抵抗和皮质醇水平升高，这可能导致体重增加和其他健康问题。增加患糖尿病和肥胖症的风险。

③心血管风险增加：长期睡眠不足与高血压、心脏病和其他心血管疾病的风险增加有关。

④生活质量下降：长期缺乏睡眠可能导致慢性疲劳，使人感到持续的疲倦和缺乏活力，影响日常活动的表现，降低工作和学习效率，影响社交活动和个人关系，并且由于认知功能下降和反应时间变慢，睡眠不足的人在驾驶或操作机械时更容易发生事故。

2. 常见睡眠问题及策略

常见的睡眠问题可以归纳为以下几种类型：

①失眠：这是最常见的睡眠障碍，表现为入睡困难、眠浅易醒或早醒，可能影响日间功能，如家庭、学业和工作等。

②睡眠呼吸暂停：患者在睡眠中出现呼吸暂停，可能伴有打鼾，这种状况可能导致全身组织器官的缺血缺氧，引起多器官功能不全或障碍。

③过度嗜睡障碍：患者在白天出现无法抑制的困顿或进入睡眠，即使在需要保持清醒的环境下。

④昼夜节律失调性睡眠障碍：身体的睡眠—觉醒周期与环境不匹配，导致工作、学习与生活等功能的损害。

⑤异态睡眠：在睡眠过程中出现异常行为，如梦游、说梦话、夜惊、梦魇等。

⑥不宁腿综合征：患者在静止状态下感到腿部不适，需要活动以缓解症状，影响睡眠质量。

⑦周期性肢体运动障碍：在睡眠中出现周期性的肢体抽动，影响睡眠质量。

⑧睡眠相关运动障碍：除了不宁腿综合征，还包括睡眠相关痉挛等。

这些睡眠问题可能由多种因素引起，包括心理因素、生理节律的改变、环境因素、慢性疾病等。睡眠质量的好坏对我们的生理和心理健康都有着重要影响。然而，对于睡眠问题过度担忧和紧张可能进一步加剧睡眠困扰，形成恶性循环，不必因“睡不好”就“如临大敌”，积极的心态和放松自己更为重要。

以下是改善睡眠的一些应对策略：

（1）建立规律的睡眠模式

①固定睡眠时间：设定一个固定的上床和起床时间，并坚持每天如此，即使在周末。

②避免睡眠剥夺：不要试图通过减少睡眠来补偿之前的睡眠债务，这会导致累积的疲劳。

③建立睡前仪式：如阅读、听轻音乐或深呼吸练习等，这有助于大脑识别即将到来的睡眠时间。

（2）优化睡眠环境

①减少光线：使用厚重的窗帘或遮光帘来阻挡外部光源，考虑使用睡眠眼罩。

②降低噪声：使用耳塞或白噪声设备来屏蔽噪声，如交通声或邻居的噪声。

③温度控制：保持卧室温度在适宜的范围内，通常建议在 15 ~ 19℃。

④减少电子设备干扰：睡前至少 1 小时停止使用电子设备，因为屏幕发出的蓝光可能会抑制褪黑素的产生。

（3）改善睡前习惯

①限制晚间咖啡因摄入：下午晚些时候避免摄入咖啡、茶、巧克力或含咖啡因的饮料。

②晚间避免饮酒：尽管酒精可能会让人昏昏欲睡，但它会干扰睡眠周期，导致睡眠质量下降。

③晚间轻松活动：选择轻松的活动，如拼图、绘画或手工制作等，避免刺激精神的活动。

（4）积极的生活方式

①定期锻炼：每周至少 150 分钟的中等强度运动，如快走、游泳或骑自行车。

②注意饮食：保持均衡饮食，避免过多糖分和加工食品，选择全谷物、新鲜水果和蔬菜。

③管理压力：学习压力管理技巧，如时间管理、放松技巧或正念冥想。

（5）采用认知行为疗法（CBT）

①刺激控制疗法：只在床上睡觉和性活动，避免在床上工作、看电视或使用手机。

②睡眠限制：减少在床上的时间，使其与实际睡眠时间相符，逐渐增加睡眠时间以提高睡眠效率。

③认知重构：识别和挑战关于睡眠的负面思维，如“如果我不睡好，明天就会很糟糕”。

④放松技巧：学习渐进性肌肉放松或指导性想象等技巧，以减少身体紧张和焦虑。

（6）环境调整和生活习惯

①减少工作与睡眠空间的重叠：如果可能，尽量在卧室以外的地方工作或学习，避免将压力和工作相关的烦恼带入卧室。

②定期清洁：保持卧室整洁，定期更换和清洗床上用品，以减少过敏原和尘螨的积聚。

③芳香疗法：使用薰衣草等助眠的精油，通过扩香器或在枕头上轻涂，有助于放松身心。

（7）技术和设备辅助

①使用睡眠追踪器：利用可穿戴设备或睡眠追踪应用程序来监测你的睡眠模式，分析睡眠质量，并根据数据调整睡眠习惯。

②智能床垫和枕头：一些智能床垫和枕头可以监测你的睡眠姿势和习惯，自动调节以提供最佳的睡眠支持。

③调节室内湿度：使用加湿器或除湿器来保持室内适宜的湿度，有助于更舒适地睡眠。

此外，如果上述策略实施后仍然存在睡眠问题，建议咨询医生或睡眠专家进行进一步的评估和治疗。可能需要进行睡眠监测，以确定是否有其他健康问题或睡眠障碍，例如，睡眠呼吸暂停、周期性肢体运动障碍或异态睡眠等。专业的评估和个性化的治疗计划可以帮助改善睡眠质量和整体健康。

（二）均衡饮食

均衡饮食是指通过合理搭配各种食物，确保摄入足够的营养素，以维持身体健康和正常生理功能。通过科学的饮食习惯，可以显著改善我们的心理状态，饮食作为一种可控的生活方式因素，对心理健康的影响也逐渐被研究和认可。

1. 饮食与心理健康的科学依据

饮食对心理健康的影响是一个复杂而广泛的领域，涉及营养素对大脑功能的直接影响、饮食习惯对情绪的调节作用，以及整体饮食模式对长期心理健康的影响。

（1）营养素对大脑功能的影响

大脑是人体中最耗能的器官之一，需要多种营养素支持其正常功能。以下是几种关键的营养素及其对大脑功能的影响：

① Omega-3 脂肪酸：Omega-3 脂肪酸主要存在于鱼类、坚果和种子中。它们对神经传导有重要作用，缺乏时可能导致情绪波动、记忆力减退等问题。科

学研究表明，Omega-3 脂肪酸可以通过调节神经递质的功能，减少炎症反应，从而对抗抑郁和焦虑症状。在一项研究中，参与者每天摄入 Omega-3 补充剂后，抑郁症状显著减轻，情绪更为稳定。Omega-3 脂肪酸还被发现有助于改善注意力和认知功能，特别是在儿童和老年人群体中。

②B 族维生素：维生素 B_1（硫胺素）、B_6（吡哆醇）、B_9（叶酸）和 B_{12}（钴胺素）对大脑健康至关重要。它们参与能量代谢和神经递质的合成，缺乏时可能导致抑郁和认知功能下降。具体来说，维生素 B_{12} 缺乏与认知功能障碍和情绪障碍密切相关。补充维生素 B 群可以提高能量水平，改善认知功能，增强大脑的抗压力能力。例如，维生素 B_6 在合成血清素和多巴胺方面起着重要作用，这两种神经递质对情绪调节发挥着重要作用。

③抗氧化剂：维生素 C、维生素 E 等抗氧化剂能够保护大脑细胞免受自由基损伤，减少炎症，有助于保持大脑健康。自由基是细胞代谢的副产物，过多的自由基会导致细胞损伤，增加患上神经退行性疾病的风险。抗氧化剂通过中和自由基，保护大脑细胞，促进神经健康，从而有助于预防和缓解心理问题。研究显示，高抗氧化剂饮食可以减少患阿尔茨海默病和帕金森病的风险。

④矿物质：矿物质如镁、锌和铁对大脑功能也至关重要。镁参与神经传导和肌肉松弛，缺镁可能导致焦虑和睡眠障碍。锌是神经递质功能和免疫健康的关键成分，缺锌会增加患抑郁症的风险。铁是血红蛋白的重要组成部分，负责氧气运输，缺铁性贫血会导致疲劳和认知功能下降。

（2）均衡饮食与情绪稳定

研究表明，摄入足够的维生素、矿物质和抗氧化剂有助于减少抑郁和焦虑的发生。

①全谷类和绿色蔬菜：这些食物富含维生素 B 族，可以帮助稳定情绪，减轻焦虑和抑郁的症状。全谷类食物如糙米、燕麦等，提供丰富的膳食纤维和微量元素，有助于保持血糖稳定，提供持续的能量供应，从而减轻情绪波动。绿色蔬菜如菠菜、羽衣甘蓝等，不仅含有丰富的维生素，还富含镁和叶酸，能够增强神经功能，促进心理健康。研究发现，摄入丰富绿色蔬菜的人群，其抑郁症发病率显著低于摄入不足的人群。

②水果和蔬菜：富含维生素 C 和维生素 E 的水果及蔬菜有助于减少氧化应

激，保护大脑健康，从而维持情绪稳定。研究发现，经常摄入水果和蔬菜的人群，其心理健康状况显著优于饮食中缺乏这些食物的人群。这是因为水果和蔬菜中含有多种抗氧化剂和植物化学物质，能够对抗炎症，改善血液循环，促进神经系统的健康。

③蛋白质摄入：蛋白质是神经递质的基础构成成分，足够的蛋白质摄入对大脑功能和情绪调节至关重要。高质量的蛋白质来源包括鱼类、家禽、豆类和坚果等。这些食物不仅提供必需氨基酸，还富含维生素和矿物质，有助于提高心理健康。研究显示，富含蛋白质的早餐可以帮助稳定血糖水平，提供持续的能量，从而提高注意力和情绪稳定性。

（3）实例和研究

①地中海饮食：这种饮食模式富含鱼类、橄榄油、水果、蔬菜和全谷类。研究发现，地中海饮食可以显著降低抑郁症的风险。研究人员发现，经常食用地中海饮食的人群，其抑郁症发病率明显低于其他饮食模式的人群。这是因为地中海饮食富含 Omega-3 脂肪酸、抗氧化剂和多种维生素，有助于改善神经功能，增强情绪调节能力。研究显示，地中海饮食中的橄榄油和坚果可以增加大脑中的神经保护因子，从而保证心理健康。

②高糖饮食：一项研究指出，高糖饮食与较高的抑郁症发病率相关。高糖食物会引起血糖迅速波动，从而影响情绪和能量水平，增加抑郁和焦虑的风险。研究显示，长期摄入高糖食物的人群，其心理健康状况较差，更容易出现情绪低落和焦虑症状。高糖饮食还会影响肠道菌群的平衡，进而对心理健康产生负面影响。例如，研究发现，高糖饮食会减少有益菌的数量，增加有害菌的繁殖，从而影响大脑和心理健康。

2. 常见饮食问题及应对策略

（1）情绪化进食

情绪化进食是一种常见的饮食问题，它涉及在情绪波动时，例如，感到压力、焦虑、悲伤或愤怒时，人们倾向于通过进食来寻求安慰或缓解情绪。这种行为可能导致过度进食，尤其是高糖、高脂肪的“慰藉食物”，进而引发体重增加和健康问题。

应对策略：

①自我识别：先要识别情绪化进食的模式和触发因素。这可能需要一段时间的自我观察和记录饮食习惯。

②替代应对机制：发展健康的应对策略，例如，进行体育锻炼、冥想、深呼吸或与朋友交谈，以替代食物作为情绪的出口。

③情绪管理：学习情绪管理技巧，例如，认知行为疗法（CBT）中的技巧，帮助改变对情绪的反应和处理方式。

④专业咨询：在必要时，寻求心理健康专业人士的帮助，以解决情绪化进食背后的深层心理问题。

（2）饮食失调

饮食失调包括一系列复杂的心理健康状况，例如，厌食症、暴食症和贪食症。这些状况通常与对体重和体型的过度关注、自我形象问题和控制问题有关，可能会导致严重的健康后果。

应对策略：

①早期识别：了解饮食失调的迹象和症状，以便早期识别和干预。

②专业治疗：寻求专业的心理咨询和营养指导，以建立健康的饮食模式和自我形象。

③家庭和朋友的支持：社交支持对于恢复过程至关重要。鼓励家人和朋友提供理解和帮助。

④持续跟进和治疗：饮食失调的治疗可能是一个长期的过程，需要持续跟进和治疗。

（3）选择性进食

选择性进食是指个体对食物的种类和质地有严格的偏好，这可能导致营养不均衡及社交饮食场合的挑战。

应对策略：

①逐步暴露：通过逐步暴露和尝试新食物来拓宽食物选择。这可以通过小步骤进行，例如，先尝试新食物的味道，然后逐渐增加摄入量。

②正面激励：使用正面激励和奖励来鼓励尝试新食物。

③家庭参与：家庭成员可以一起参与食物的准备和尝试，以创造一个支持

性和鼓励的环境。

(4)饮食焦虑

饮食焦虑是指对食物的安全性、健康性或道德性有过度的担忧，这可能导致限制性饮食或避免某些食物。

应对策略：

①教育和认知：通过教育和认知行为疗法来解决对食物的误解和恐惧。学习如何区分事实和虚构，以及如何做出基于科学的饮食选择。

②暴露疗法：在控制的环境中逐渐接触和尝试那些引起焦虑的食物，以减少恐惧和焦虑。

③专业咨询：对于严重的饮食焦虑，寻求心理健康专业人士的帮助。

(5)社交饮食压力

在社交场合中，人们可能会感受到来自同伴的压力，要求他们吃或喝某些东西，这可能导致不健康的饮食习惯。

应对策略：

①自信建立：建立自信和沟通技巧，以便在社交场合中能够坚持自己的饮食选择。

②学会说“不”：学会礼貌但坚定地拒绝不健康的食物或饮料。

③社交支持：与理解并支持你选择健康饮食的朋友和家人一起参加社交活动。

通过这些详细的叙述，可以向读者提供关于常见饮食问题的深入理解，以及如何通过心理和行为策略来应对这些问题。

3. 饮食指南和建议——中国居民平衡膳食宝塔

中国居民平衡膳食宝塔（Chinese Food Guide Pagoda，以下简称“宝塔”）是根据《中国居民膳食指南（2022）》的准则和核心推荐，把平衡膳食原则转化为各类食物的数量和所占比例的图形化表示。

中国居民平衡膳食宝塔形象化的组合，遵循了平衡膳食的原则，体现了在营养上比较理想的基本食物构成。宝塔共分5层，各层面积大小不同，体现了5大类食物和食物量的多少。5大类食物包括谷薯类、蔬菜水果、动物性食物类、大豆、坚果与奶制品类以及烹调油和盐。食物量是根据不同能量需要量水平设计，宝塔旁边的文字注释，标明了在 1600 ~ 2400 千卡能量需要量水平下，一段时间内成年人每人每天各类食物摄入量的建议值范围。

（1）第一层：谷薯类食物

谷薯类食物是膳食能量的主要来源（碳水化合物提供总能量的 50% ~ 65%），也是多种微量营养素和膳食纤维的良好来源。膳食指南中推荐 2 岁以上人群的膳食应做到食物多样、合理搭配。谷类为主是合理膳食的重要特征。在 1600 ~ 2400 千卡能量需要量水平下的一段时间内，建议成年人每人每天摄入谷类 200 ~ 300 克，其中包含全谷物和杂豆类 50 ~ 150 克；另外，薯类 50 ~ 100 克，从能量角度来看，相当于 15 ~ 35 克大米。

谷类、薯类和杂豆类是碳水化合物的主要来源。谷类包括小麦、稻米、玉米、高粱等及其制品，如米饭、馒头、烙饼、面包、饼干、麦片等。全谷物保留了天然谷物的全部成分，是理想膳食模式的重要组成，也是膳食纤维和其他营养素的来源。杂豆类包括大豆以外的其他干豆类，如红小豆、绿豆、芸豆等。我国传统膳食中整粒的食物常见的有小米、玉米、绿豆、红豆、荞麦等。现代加工产品有燕麦片等，因此把杂豆与全谷物归为一类。2 岁以上人群都应保证全谷物的摄入量，以此获得更多营养素、膳食纤维和健康益处。薯类包括马铃薯、红薯等，可替代一部分主食。

（2）第二层：蔬菜水果

蔬菜水果是膳食指南中鼓励多摄入的两类食物。在 1600 ~ 2400 千卡能量需要量水平下，推荐成年人每人每天蔬菜摄入量至少达到 300 克，水果 200 ~ 350 克。蔬菜水果是膳食纤维、微量营养素和植物化学物的良好来源。蔬菜包括嫩茎、叶、花菜类、根菜类、鲜豆类、茄果瓜菜类、葱蒜类、菌藻类及水生蔬菜类等。深色蔬菜是指深绿色、深黄色、紫色、红色等有颜色的蔬菜，每类蔬菜提供的营养素略有不同，深色蔬菜一般富含维生素、植物化学物和膳食纤维，推荐每天的摄入量占总体蔬菜摄入量的 1/2 以上。

水果多种多样，包括仁果、浆果、核果、柑橘类、瓜果及热带水果等。推荐吃新鲜水果，在鲜果供应不足时可选择一些含糖量低的干果制品和纯果汁。

（3）第三层：动物性食物类

鱼、禽、肉、蛋等动物性食物是膳食指南推荐适量食用的食物。在1600～2400千卡能量需要量水平下，推荐每天鱼、禽、肉、蛋摄入量共计120～200克。

新鲜的动物性食物是优质蛋白质、脂肪和脂溶性维生素的良好来源，建议每天畜禽肉的摄入量为40～75克，少吃加工类肉制品。猪肉含脂肪较高，应尽量选择瘦肉或禽肉。常见的水产品包括鱼、虾、蟹和贝类，此类食物富含优质蛋白质、脂类、维生素和矿物质，推荐每天摄入量为40～75克，有条件可以优先选择。蛋类包括鸡蛋、鸭蛋、鹅蛋、鹌鹑蛋、鸽子蛋及其加工制品，营养价值较高，推荐每天1个鸡蛋（相当于50克左右）。吃鸡蛋不能丢弃蛋黄，蛋黄含有丰富的营养成分，如胆碱、卵磷脂、胆固醇、维生素A、叶黄素、锌、维生素B族等，无论对多大年龄人群都有健康益处。

（4）第四层：大豆、坚果与奶制品类

奶类和豆类是鼓励多摄入的食物。奶类、大豆和坚果是蛋白质和钙的良好来源，营养素密度高。在1600～2400千卡能量需要量水平下，推荐每天应摄入量至少相当于鲜奶300克的奶类及奶制品。在全球奶制品消费中，我国居民摄入量一直很低，多吃各种各样的乳制品，有利于提高乳类摄入量。

豆类分为黄豆、黑豆、青豆，其常见的制品如豆腐、豆浆、豆腐干及千张等。坚果包括花生、葵花籽、核桃、杏仁、榛子等，部分坚果的营养价值与大豆相似，富含必需脂肪酸和必需氨基酸。推荐大豆和坚果摄入量共为25～35克，其他豆制品摄入量需按蛋白质含量与大豆进行折算。坚果无论作为菜肴还是零食，都是食物多样化的良好选择，建议每周摄入量为70克左右（相当于每天10克左右）。

（5）第五层：烹调油和盐

油盐作为烹饪调料必不可少，但建议尽量少用。推荐成年人平均每天烹调油不超过25～30克，食盐摄入量不超过5克。按照中国居民膳食营养素参考摄入量（DRIs）的建议，1～3岁人群膳食脂肪供能比应占膳食总能量35%；4岁以上人群占20%～30%。在1600～2400千卡能量需要量水平下脂肪的摄入量为36～80克。其他食物中也含有脂肪，在满足平衡膳食模式中其他食物建议量的前提下，烹调油需要限量。按照 25 ~ 30 克计算，烹调油提供 10% 左右的膳食能量。烹调油包括各种动植物油，植物油如花生油、大豆油、菜籽油、葵花籽油等，动物油如猪油、牛油、黄油等。烹调油也要多样化，应经常更换种类，以满足人体对各种脂肪酸的需要。

盐与高血压关系密切。除了少用食盐外，也需要控制隐性高盐食品的摄入量。

酒和添加糖不是膳食组成的基本食物，烹饪使用和单独食用时也都应尽量避免。

4. 身体活动和饮水

身体活动和饮水的图示仍包含在可视化图形中，强调增加身体活动和足量饮水的重要性。水是膳食的重要组成部分，是生命活动必需的物质，其需要量主要受年龄、身体活动、环境温度等因素的影响。低身体活动水平的成年人每天至少饮水 1500 ~ 1700 毫升（7 ~ 8 杯）。在高温或高身体活动水平的条件下，应适当增加饮水量。饮水多或过多都会对人体健康带来危害。来自食物中水分和膳食汤水大约占 1/2，推荐一天中饮水和整体膳食（包括食物中的水、汤、粥、奶等）水摄入共计 2700 ~ 3000 毫升。

身体活动是能量平衡和保持身体健康的重要手段。运动或身体活动能有效地消耗能量，保持精神和机体代谢的活跃性。鼓励养成天天运动的习惯，坚持每天多做一些消耗能量的活动。推荐成年人每天进行至少相当于快步走 6000 步的身体活动，每周最好进行 150 分钟中等强度的运动，如骑车、跑步、庭院或农田的劳动等。一般而言，低身体活动水平的能量消耗通常占总能量消耗的 1/3 左右，而高身体活动水平者可高达 1/2。加强和保持能量平衡，需要通过不断摸索，关注体重变化，找到食物摄入量和运动消耗量之间的平衡点。

（三）适度运动

1. 运动对心理健康的重要性

运动对心理健康的重要性不容忽视，尤其是对儿童和青少年来说，适度的体育活动对他们的心理发展和情绪调节具有显著的积极影响。

（1）缓解压力和焦虑

运动可以有效地缓解压力和焦虑。当孩子们进行体育活动时，他们的身体会释放内啡肽，这种化学物质被称为“快乐激素”，可以提升情绪，减少紧张和焦虑的感觉。同时，运动能够调节多巴胺、血清素和去甲肾上腺素等神经递质的水平，而这些物质与情绪调节密切相关。此外，通过运动，孩子们能够更好地应对生活中的压力，保持积极的心态。

（2）改善情绪和提升自信心

定期运动能够显著改善情绪，减少抑郁症状。体育活动不仅让孩子们感受到身体的活力，还能通过达成运动目标和取得进步来提升自信心。无论是完成一次跑步，还是在比赛中取得好成绩，这些成就感都会增强他们的自信和自尊。

（3）提高认知功能

运动对认知功能也有积极影响。研究表明，适度的体育活动可以提高注意力、记忆力和学习能力。这对正在发育中的儿童和青少年来说尤为重要，因为他们的大脑在这个阶段需要刺激和锻炼。通过运动，他们可以更好地集中注意力，提高学习效率。

（4）促进社交互动

参加团队运动如足球、篮球等，不仅可以锻炼身体，还能促进社交互动。通过与队友合作，孩子们可以学习到团队协作的重要性，提升社交技能，结交新朋友。这种社交互动对于他们的心理健康和情绪发展有着积极的影响。

（5）建立健康的生活方式

早期养成运动习惯可以帮助孩子们建立健康的生活方式，这对他们未来的心理健康也有长期的积极影响。规律的体育活动不仅能提高身体素质，还能培养自律和坚持不懈的品质，这些都是心理健康的重要因素。

综上所述，运动对儿童和青少年的心理健康有着多方面的积极影响。家长和教育工作者应鼓励孩子们积极参与体育活动，帮助他们在运动中找到快乐和自信，从而实现身心的全面健康发展。

2. 常见运动问题及应对策略

尽管运动对儿童和青少年的心理健康有诸多益处，但在实际参与体育活动的过程中，可能会遇到一些常见的问题。

（1）运动焦虑

一些孩子在参加体育活动时会感到紧张或焦虑，担心自己表现不好或被同伴嘲笑。这种焦虑可能会影响他们的参与热情和运动表现。遇到这种情况，家长与教育工作者应该如何应对呢？

①积极鼓励：家长和教育工作者应积极鼓励孩子，不要过分关注结果，而是要强调参与的乐趣和努力的过程。

②创造支持环境：营造一个包容和支持的运动环境，减少竞争压力，让孩子感到被接纳和支持。

③设置小目标：帮助孩子设定小而可实现的目标，逐步建立起他们的自信心。

（2）运动过度

虽然运动对健康有益，但过度运动可能导致身体疲劳、受伤、心理压力增大，影响孩子的学业和社交生活。可通过以下方式预防孩子运动过度：

①制订合理计划：帮助孩子制订合理的运动计划，确保他们有足够的休息时间和其他活动时间。

②多样化活动：鼓励孩子参与多种体育和非体育活动，平衡他们的兴趣爱好，避免过度专注于某一项运动。

③关注身体信号：教导孩子学会倾听自己身体的信号，避免过度训练，当感到疲劳应及时休息。

（3）运动挫败感

在运动中，遇到挫折或失败可能会影响孩子的自信心和参与积极性。这种挫败感可能导致他们对运动失去兴趣，甚至产生负面情绪。当孩子在运动中遇到挫折或失败，家长和教育工作者应该：

①教导孩子正确面对失败：教导孩子正确面对失败，帮助他们理解失败是学习和进步的一部分。

②给予正面反馈：给予孩子正面的反馈和鼓励，认可他们的努力和进步，而不仅仅是关注结果。

③帮助孩子反思和改进：帮助孩子分析失败的原因，从中学习经验教训，并制订改进计划，逐步提升他们的能力。

（4）缺乏运动兴趣

有些孩子可能对运动不感兴趣，觉得运动枯燥乏味，宁愿选择其他活动如看电视或玩电子游戏。这时，家长和教育工作者可以做些什么呢？

①提供多样化选择：提供多种多样的体育活动选择，让孩子发现自己感兴趣的运动项目。

②组织家庭活动：家长可以带领孩子一起参加家庭运动活动，如骑自行车、散步或玩球类游戏等，增加运动的乐趣。

③引导探索：鼓励孩子尝试新的运动项目，参加运动俱乐部或社区活动，结交运动伙伴，提升他们的参与积极性。

在儿童和青少年的成长过程中，运动是不可或缺的重要组成部分。虽然在参与运动的过程中可能会遇到一些问题，但通过积极的应对策略和有效的指导，家长和教育工作者可以帮助孩子们克服困难，从运动中获得更多的乐趣和益处。通过合理的运动计划、积极的鼓励和多样化的活动选择，孩子们可以在运动中找到自信、快乐和健康成长的动力。

3. 运动疗法

运动疗法是一种通过运动和身体活动来改善心理和生理健康的方法。对儿童和青少年来说，运动疗法不仅有助于提高体能，还能有效地缓解心理压力，提升情绪稳定性和社交能力。

（1）有氧运动

有氧运动是指那些通过调动大肌肉群、以中低强度持续进行的运动。这类运动通常需要氧气来维持运动强度，因此称为有氧运动。有氧运动在心理健康领域的广泛应用，被证明对减轻压力、缓解焦虑、改善抑郁症状以及提升整体情绪有显著效果。

常见的有氧运动有：

①跑步：适用于大多数儿童和青少年，特别是那些喜欢户外活动的人。每天早晨或傍晚进行 30 分钟到 1 小时的慢跑或快跑。可以在公园、操场或小区内进行。跑步能释放内啡肽，提升情绪，减轻压力和焦虑。通过设定跑步目标并逐步实现，可以增强自信心和自我效能感。

②游泳：适合所有年龄段，尤其是那些关节有问题或体重较重的孩子。每

周进行 3 ~ 4 次游泳，每次 30 ~ 60 分钟。可以在公共游泳池或私人游泳池进行。游泳能够减轻身体负担，帮助放松身心。水中的浮力有助于缓解压力，改善情绪，提升整体心理健康。

③骑自行车：每天或每周进行几次骑自行车活动，每次 30 分钟到 1 小时，可以选择在安全的自行车道或公园进行。骑自行车能够增强心肺功能，提升耐力和体能。通过户外骑行，可以接触大自然，放松心情，减轻压力和焦虑。

④跳绳：每天进行 15 ~ 30 分钟的跳绳。可以在家中、院子或公园进行。跳绳是一种高效的有氧运动，能够迅速提高心率，增强心肺功能。通过连续跳绳，孩子们可以锻炼耐力，提升专注力和协调性，改善情绪。

⑤球类运动：参加篮球、足球、排球等运动，每周进行 2 ~ 3 次，每次 1 ~ 2 小时。可以在学校或社区体育场进行。大多数球类运动需要合作和沟通，有助于提升孩子的社交技能和团队合作精神。通过这些活动，孩子们可以结交新朋友，增强归属感和自信心，减少孤独感和抑郁情绪。

⑥跳舞：适合喜欢音乐和舞蹈的儿童及青少年。每周参加 3 ~ 4 次舞蹈课程，如街舞、芭蕾舞或拉丁舞，每次 1 小时。可以在舞蹈学校或社区中心进行。跳舞结合了音乐和身体运动，有助于放松心情，提升情绪。通过学习和掌握舞蹈动作，孩子们可以增强自信心和自我表达能力。

⑦健步走：每天进行 30 ~ 60 分钟的健步走，可以在公园、街区或操场进行。健步走是一种简单易行的有氧运动，可以缓解压力，提升情绪，改善整体心理健康。通过与家人或朋友一起健步走，还可以增强社交互动，增加乐趣。

家长和教育工作者可以根据孩子的兴趣和需求，选择适合他们的有氧运动，鼓励他们定期参与。通过这些运动，孩子们不仅能够增强体质，还能改善情绪，提升自信心，促进孩子们全面健康地发展。

（2）瑜伽

瑜伽是一种古老的身体和心灵锻炼方法，通过身体姿势、呼吸控制和冥想等练习，达到身心的平衡和谐。练习瑜伽有诸多益处。通过深呼吸及柔和的体式，瑜伽能够放松身心，减轻压力和焦虑。规律的瑜伽练习还可以改善情绪，提升自信心和自尊感。瑜伽的放松练习有助于提高睡眠质量，帮助个体更快入睡并保持深度睡眠。

常见的瑜伽体式：

①儿童式：从跪姿开始，双膝分开与臀同宽，大脚趾相触。呼气时，将臀部向后坐在脚跟上，前额触地。双臂自然放在身体两侧，掌心向上，或向前伸展。儿童式是一种休息姿势，有助于放松背部和颈部，缓解压力。

②猫牛式：双手双膝支撑在地面上，吸气时，抬头看向前方，弯曲脊柱向下（牛式）。呼气时，下巴收向胸口，弓起脊柱（猫式）。反复进行，通过脊柱的弯曲和伸展，放松背部肌肉，改善血液循环。

③下犬式：双手双脚掌支撑在地面上，双手在肩膀正下方，双膝在臀部正下方。呼气时，将臀部向上抬高，形成倒“V”字形，脚跟尽量贴地，头部放松在两臂之间。下犬式可以增强手臂和腿部力量，拉伸背部和腿部肌肉，促进血液循环。

④树式：从站姿开始，双脚并拢。将一只脚的脚掌放到另一条腿的内侧，尽量靠近腹股沟。双手合十放于胸前，保持平衡。深呼吸，保持姿势。树式可提高平衡能力和专注力，增强腿部力量和稳定性。

（3）八段锦

八段锦是一种传统的中国健身气功，通过一系列简单而有节奏的动作，结合深呼吸和专注，达到身心调节的效果。八段锦不仅有助于身体健康，而且对心理健康也有显著的积极影响。

在八段锦的练习中强调深呼吸，有助于激活副交感神经系统，使身体进入放松状态，减轻压力和焦虑。练习八段锦时，身体会释放内啡肽，这种“快乐激素”有助于提升情绪和幸福感。此外，八段锦的每一个动作都需要集中注意力，帮助提升专注力和注意力控制能力。通过学习和掌握八段锦的动作，练习者还可以获得成就感，增强自我效能感。

对于儿童和青少年来说，八段锦不仅能增强体质，还能保护和促进心理健康，是一种非常好的身心锻炼方法。家长和教育工作者可以鼓励孩子们练习八段锦，帮助他们在日常生活中保持健康和活力。

八段锦包含 8 个独立的动作，每个动作都有特定的健身功效。具体动作教学：

①双手托天理三焦：双脚分开，与肩同宽，站立。吸气时，双手十指交叉，掌心向上，缓缓上举至头顶，目视双手；呼气时，双手放松下垂至体侧，重复

6 次。该动作可调理三焦，增强脏腑功能。

②左右开弓似射雕：马步站立，双手握拳放于腰间。吸气时，左手拳打开如弓，右手拳拉至胸前如射箭，目视左手指尖；呼气时，恢复原位。换侧重复，左右各 6 次。该动作可增强肺功能，锻炼臂力和腿力。

③调理脾胃须单举：双脚分开，与肩同宽，站立。吸气时，右手缓缓上举至头顶，左手下按至大腿旁，目视右手指尖；呼气时，恢复原位。换侧重复，左右各 6 次。该动作可调理脾胃功能，促进消化。

④五劳七伤往后瞧：双脚分开，与肩同宽，站立。吸气时，头部缓缓向左后方转动，目视左肩；呼气时，恢复原位。换侧重复，左右各 6 次。该动作可放松颈椎，舒缓五劳七伤。

⑤摇头摆尾去心火：马步站立，双手扶膝。吸气时，头部缓缓向左摆动，目视左肩，身体随之微转；呼气时，恢复原位。换侧重复，左右各 6 次。该动作可平心静气，祛除心火。

⑥两手攀足固肾腰：双脚分开，与肩同宽，站立。吸气时，双手缓缓下俯，尽量触及足尖，保持片刻；呼气时，缓缓起身恢复原位。重复 6 次。该动作可强肾固腰，增强柔韧性。

⑦攒拳怒目增气力：马步站立，双手握拳放于腰间。吸气时，怒目而视，拳头缓缓前冲，喊“哈”；呼气时，拳头缓缓收至腰间，重复 6 次。该动作可增强气力，提升自信。

⑧背后七颠百病消：双脚并拢，双手自然下垂。吸气时，缓缓提起脚跟，保持片刻；呼气时，缓缓放下脚跟，重复 6 次。该动作可放松全身，消除疲劳。

运动疗法通过各种形式的身体活动，能够全面改善儿童和青少年的身心健康。无论是有氧运动、瑜伽，还是传统的八段锦，每种运动都有其独特的作用和益处。家长和教育工作者可以根据孩子的兴趣和需求，选择适合他们的运动，帮助他们在快乐运动的同时，保持身心健康，促进全面发展。

（四）终身成长

1. 激发自我内在动力与自我效能感

面对日益复杂的生活压力和挑战，个体的心理健康不仅关乎个人的幸福感，还影响到社会的和谐与稳定。

（1）自我内在动力的定义与重要性

自我内在动力（Intrinsic Motivation）是指个体由于自身内部的兴趣、价值观和目标，而不是外部奖励或压力，驱动其行为的动力。这种内在动力能够帮助个体在面对困难和挑战时保持积极的态度和持久的努力。

研究表明，拥有强烈自我内在动力的人在工作、学习和生活中更容易体验到满足感和成就感。他们在遇到困难时更有韧性，更能保持长久的积极情绪。这对于心理健康的促进和保护具有重要意义，因为自我内在动力能够帮助个体更好地应对压力，减少焦虑和抑郁的发生。

（2）自我效能感的定义与重要性

自我效能感（Self-Efficacy）是指个体对自己能够成功完成某一特定任务或达到某一目标的信念。著名心理学家阿尔伯特·班杜拉（Albert Bandura）提出的自我效能理论强调，自我效能感对个体的行为选择、努力程度和持之以恒的能力具有重要影响。

高自我效能感的人更有可能设定高挑战性的目标，并为实现这些目标而努力。他们在面对挫折时也更有毅力和信心，这种积极的心理状态有助于心理健康的维护。自我效能感的提升不仅能够增强个体的自尊和自信，还能提高其应对生活压力的能力，减少负面情绪的产生。

（3）如何激发自我内在动力

①设定有意义的目标：明确的、具有个人意义的目标能够激发个体的内在动力。当目标与个人价值观和兴趣相符时，个体会更有动力去追求和实现这些目标。

②提供选择的机会：让个体在任务或活动中拥有一定的选择权，可以增强其自主性，进而激发内在动力。例如，在学习中让学生选择感兴趣的课题，能提高他们的内在动力。

③鼓励探索与创造：鼓励个体探索新事物，培养创新思维，可以增强他们的内在动力。对新知识和新技能的追求不仅能带来成就感，还能激发持续的学习热情。

④营造支持性的环境：一个支持性的环境能够为个体提供心理上的安全感，

鼓励其勇于尝试和冒险。家庭、学校和工作场所中的支持性氛围，都能促进个体内在动力的提升。

（4）如何增强自我效能感

①积累成功经验：成功的经验是提升自我效能感的最有效方式。通过设定小而可行的目标，并逐步实现这些目标，个体能够不断积累成功的经验，从而增强自信心和自我效能感。

②观察他人成功：观察他人，尤其是那些与自己相似的人取得成功，可以增强个体的自我效能感。这种通过模仿和学习他人成功经验的方式，能够让个体相信自己也能做到。

③接受积极反馈：来自他人的积极反馈和鼓励，能够提升个体的自我效能感。无论是来自家庭、朋友还是同事的赞扬和认可，都能增强个体的信心。

④应对负面情绪：学习有效的情绪管理技巧，如放松训练、正念冥想等，能够帮助个体应对负面情绪，减少自我效能感的负面影响。当个体能够更好地控制情绪时，自我效能感也会随之提高。

2. 爱的给予与获取

爱的给予与获取，作为人类最基本的情感交流形式，对心理健康的促进和保护起着至关重要的作用。

（1）爱的定义与重要性

爱是一种复杂而多维的情感，涵盖了关怀、支持、理解和接受等多方面。爱不仅是亲密关系中的浪漫爱，还包括亲情、友情以及对他人的无私关怀。无论是给予爱还是获取爱，都能够对个体的心理健康产生深远的影响。

爱的给予能够增强个体的自我价值感和幸福感。通过关心和帮助他人，个体可以体验到自己的存在价值，从而提升自尊和自信。同时，爱的获取则能够为个体提供情感上的支持和安全感，帮助其更好地应对生活中的压力和挑战。

（2）爱的给予对心理健康的影响

①增强幸福感与满足感：给予爱是个体表达关怀和支持的重要方式。当我们为他人付出时，会体会到一种内在的满足感和成就感。这种积极的情感体验能够提升我们的幸福感，有助于心理健康的维护。

②建立和谐的人际关系：通过给予爱，我们可以建立和维持和谐的人际关

系。这种关系不仅提供了情感上的支持，还能够增强我们的社会连接感，减少孤独感和孤立感。

③提升自我价值感：给予爱能够增强我们的自我价值感和自尊心。当我们看到自己的行为对他人产生积极影响时，会体验到自身的价值和意义，从而提升心理健康水平。

（3）爱的获取对心理健康的影响

①提供情感支持：获取他人的爱和关怀，能够为我们提供重要的情感支持。在面对生活中的压力和挑战时，他人的关爱和支持能够帮助我们更好地应对，减少焦虑和抑郁的风险。

②增强安全感：爱的获取能够增强我们的安全感。当我们感受到被爱和被关心时，会体验到一种情感上的安全感和稳定感，这对心理健康的促进具有重要作用。

③促进积极的自我认知：通过获取他人的爱和认可，我们能够建立更加积极的自我认知。这种积极的自我认知有助于提升自尊心和自信心，增强心理韧性。

（4）如何给予爱

①无条件的关怀与支持：给予爱的重要方式是无条件地关心和支持他人。无论是在家庭、朋友还是工作关系中，我们都可以通过倾听、理解和帮助他人，表达我们的关怀和支持。

②积极的行为表现：爱不仅是情感上的表达，还需要通过具体的行为来表现。例如，帮助朋友解决问题、照顾家人或为同事提供帮助，这些都是给予爱的具体表现。

③真诚的表达：在日常生活中，我们可以通过语言和行动真诚地表达我们的爱意和关心。无论是简单的问候还是深情的交流，真诚的表达都能够让他人感受到我们的爱和关怀。

（5）如何获取爱

①开放心态：要获取他人的爱，首先需要保持开放的心态。其次需要接受他人的关心和帮助，并且能够主动表达自己的需求和情感。

②建立信任关系：建立信任关系是获取爱的关键。通过诚实、开放和真诚

的交流，我们可以与他人建立深厚的信任关系，从而获取他们的关爱和支持。

③参与社会活动：积极参与各种社会活动和群体活动，可以帮助我们扩大社交圈子，结识更多的朋友，从而增加获取爱的机会。

3. 适应人生的不断变化

①接受变化的不可避免性：变化是生活中的常态，无论是个人生活还是职业生涯，都不可避免地会遇到各种变化和挑战。心理学家 Elizabeth Kubler-Ross 提出的“变化曲线”理论详细描述了个体在面对变化时通常会经历的五个阶段：否认、愤怒、讨价还价、抑郁和接受（Kubler-Ross, 1969）。这些阶段不仅适用于面对死亡和重大疾病的情境，还适用于日常生活中的各种变化。

否认：在这一阶段，个体可能会拒绝承认变化的发生，认为一切仍然如常。这是一种自我保护机制，帮助个体暂时缓解压力。例如，当青少年面临父母离异时，可能会否认这一事实，认为父母只是暂时分开。

愤怒：当个体逐渐意识到变化的不可避免时，可能会感到愤怒和不公平。这种情绪反应是对失控感的自然反应。例如，当青少年在面对学业压力或人际关系问题时，可能会感到愤怒，认为自己被不公平对待。

讨价还价：在这一阶段，个体可能会试图通过某种方式来改变现状，如祈祷、许愿或采取某些行动。例如，青少年可能会尝试通过努力学习来改变学业成绩，或者通过改变自己的行为来修复人际关系。

抑郁：当个体意识到变化无法逆转时，可能会感到无助和沮丧。这一阶段需要特别关注心理健康。例如，当青少年在面对失败或失去亲人时，可能会感到抑郁，需要寻求心理支持。

接受：最终，个体会逐渐接受变化，并开始适应新的现实。这一阶段标志着心理上的恢复和重建。例如，青少年在适应新的学校环境或家庭结构后，能够重新找到生活的平衡和方向。

理解并接受这些阶段有助于个体更好地应对变化。通过认识到这些情绪反应是正常的，个体可以更加理性地面对变化，减少不必要的心理负担。

②培养弹性（Resilience）：心理弹性是指个体在面对逆境、创伤、悲剧、威胁或重大压力时，能够有效适应并恢复的能力。研究表明，心理弹性可以通过积极的思维方式、社会支持系统和应对策略来增强（Masten, 2001）。培养心

理弹性的方法包括：

积极思维：保持乐观的态度，关注积极的一面。研究表明，乐观的个体在面对压力时更具适应性（Seligman, 1991）。例如，当青少年面临考试压力时，可以通过积极的自我对话，如“我已经尽力了，我可以做到”，来增强自信心。

建立社会支持网络：与家人、朋友和同学保持良好的关系，寻求他们的支持和帮助。社会支持可以提供情感上的安慰和实际的帮助（Cohen & Wills, 1985）。例如，当青少年遇到困难时，可以向父母、老师或朋友寻求建议和支持。

发展应对策略：学习和应用有效的应对策略，如问题导向的应对、情绪导向的应对等（Folkman & Lazarus, 1980）。例如，当青少年面临学业压力时，可以通过制订学习计划、分解任务来有效应对。

③建立有效的应对策略：包括问题导向的应对策略和情绪导向的应对策略。

问题导向的应对策略包括识别问题、制订计划并采取行动。这种策略有助于个体在面对具体问题时，能够有条不紊地解决问题（Folkman & Lazarus, 1980）。具体步骤如下：

识别问题：首先要明确问题的性质和范围。这一步骤需要仔细分析问题的各个方面，找出问题的根源。

制订计划：根据问题的性质，制定详细的解决方案。计划应包括明确的目标、具体的步骤和时间安排。

采取行动：按照计划逐步实施解决方案。在这一过程中，保持灵活性，根据实际情况进行调整。

评估结果：在解决问题后，评估结果是否达到预期目标。如果没有，分析原因并进行改进。

情绪导向的应对策略包括通过冥想、运动、艺术等方式来管理和调节情绪。研究表明，情绪调节能力强的人在面对变化时更具适应性（Gross, 2002）。具体方法包括：

冥想和正念练习：冥想和正念练习可以帮助个体放松身心，减少压力和焦虑。研究表明，正念练习可以显著提高心理健康水平（Kabat-Zinn, 1990）。

艺术和创作：通过绘画、音乐、写作等艺术形式表达情感，可以有效缓解压力和焦虑。艺术创作是一种积极的情绪调节方式（Stuckey & Nobel, 2010）。

④社会支持系统：家庭和朋友的支持。

社会支持系统可以提供情感支持、信息支持和实际帮助。研究表明，强大的社会支持系统可以显著提高个体的心理健康水平（Cohen & Wills, 1985）。具体表现包括：

情感支持：家人和朋友可以提供情感上的安慰和理解，帮助个体在面对变化时感到不孤单。

信息支持：通过与家人和朋友交流，个体可以获得有用的信息和建议，帮助其更好地应对变化。

实际帮助：在面对实际困难时，家人和朋友可以提供实际的帮助，如经济支持、照顾孩子等。

4. 规划与展望

（1）制定明确的目标

①短期和长期目标：制定明确的短期和长期目标有助于个体在面对变化时保持方向感。SMART 原则（Specific, Measurable, Achievable, Relevant, Time-bound）是制定有效目标的一个常用方法（Doran, 1981）。具体步骤包括：

明确具体目标（Specific）：目标应具体明确，避免模糊不清。例如，“提高英语水平”可以具体为“在 6 个月内通过英语六级考试”。对于青少年来说，可以设定具体的学业目标，如“在下次考试中提高数学成绩”。

可衡量（Measurable）：目标应具有可衡量的标准，便于评估进展。例如，“每周学习英语 10 小时”。青少年可以设定每天或每周的学习时间，记录学习进度，以便评估效果。

可实现（Achievable）：目标应现实可行，避免过于理想化。例如，“在一年内掌握基本的编程技能”。青少年应根据自己的实际情况和能力，设定可实现的目标，避免过高或过低。

相关性（Relevant）：目标应与个人的长期发展和实际需求相关。例如，“提高职业技能以获得更好的工作机会”。青少年应设定与自己未来发展方向相关的目标，如“提高科学素养以报考理工科大学”。

有时间限制（Time-bound）：目标应有明确的时间限制，避免无限期拖延。

例如，“在 3 个月内完成项目报告”。青少年应设定具体的时间节点，确保目标在规定时间内完成，如“在 1 个月内完成阅读一本书”。

②定期评估和调整：目标应该是动态的，定期评估和调整目标可以确保其与个人的实际情况和环境变化相适应（Locke & Latham, 2002）。具体步骤包括：

定期回顾目标：每隔一段时间（如每月或每季度），回顾目标的进展情况，评估是否达到预期目标。例如，青少年可以每月回顾一次学习计划，评估学习效果，找出不足之处。

分析进展和问题：分析目标的进展情况，找出取得的成就和存在的问题。对于未能达到的目标，分析原因并进行改进。例如，青少年可以通过分析学习成绩、学习方法和时间管理等方面，找出问题的根源，并进行改进。

调整目标：根据实际情况和环境变化，调整目标的内容和时间安排。确保目标始终与个人的实际情况和需求相适应。例如，青少年可以根据学习进度和效果，调整学习计划和方法，设定新的学习目标。

（2）终身学习

①持续学习和技能提升：在快速变化的社会中，持续学习和技能提升是保持竞争力的重要手段。研究表明，终身学习不仅可以提高职业能力，还能增强心理弹性（Illeris, 2003）。具体方法包括：

参加培训和课程：通过参加各种培训班和课程，不断学习新知识及技能。例如，可以参加职业技能培训、语言课程、在线教育平台的课程等。青少年可以利用课余时间参加兴趣班、补习班或在线课程，提升自己的知识和技能。

阅读和自学：通过阅读专业书籍、学术论文及行业报告，保持对最新知识和趋势的了解。自学是终身学习的重要途径，可以根据个人兴趣和需求选择学习内容。青少年可以通过阅读课外书籍、学术期刊和网络资源，拓宽知识面，提升自学能力。

实践和应用：通过实际工作和项目实践，将所学知识及技能应用于实际情境中。实践是检验和巩固学习成果的重要方式。青少年可以通过参加学校社团、志愿服务、实习等活动，将所学知识应用于实际，提升实践能力。

参与专业社群：加入专业社群、行业协会，与同行交流和分享经验。通过参与社群活动，可以获得更多的学习机会和资源。青少年可以加入学校的学术社团、兴趣小组或在线学习社区，与同龄人交流学习经验，分享学习资源。

②多元化学习：多元化学习包括正式教育、非正式教育和自我导向学习。多元化的学习方式可以帮助个体更全面地适应变化（Merriam & Caffarella, 1999）。具体方法包括：

正式教育：通过学校教育、大学课程、职业培训等正式教育途径，系统地学习专业知识和技能。正式教育提供了系统的学习框架和认证。青少年应重视学校教育，认真学习各门课程，打好知识基础。

非正式教育：通过工作经验、社交活动、兴趣爱好等非正式教育途径，学习实际应用的知识和技能。非正式教育更加灵活和多样化，适应性强。青少年可以通过参加课外活动、兴趣班、社会实践，学习实际应用的知识和技能，来提升综合素质。

自我导向学习：通过自我规划、管理，主动学习及探索新知识和技能。自我导向学习强调个体的主动性、自主性，可以根据个人兴趣和需求自由选择学习内容及方式。青少年应培养自我导向学习的能力，主动规划学习，积极探索新知识和技能。

（3）灵活的职业规划

①职业生涯管理：职业生涯管理包括自我评估、职业探索、职业决策和职业发展。有效的职业生涯管理可以帮助个体在面对职业变化时更具适应性（Greenhaus, Callanan & Godshalk, 2009）。具体步骤包括：

自我评估：通过自我评估，了解自己的兴趣、能力、价值观和职业目标。自我评估可以通过职业测评工具、个人反思和咨询专业人士等方式进行。例如，青少年可以通过职业兴趣测评、性格测试等工具，了解自己的兴趣和能力，明确职业方向。

职业探索：通过职业探索，了解不同职业领域和岗位的要求及其发展前景。职业探索可以通过实习、职业访谈、行业调研等方式进行。例如，青少年可以通过参加职业体验活动、职业讲座、职业访谈等方式，了解不同职业的特点和发展前景。

职业决策：根据自我评估、职业探索的结果，做出职业选择和决策。职业决策应考虑个人兴趣、能力、价值观、职业目标，以及市场需求和发展前景。

例如，青少年可以根据自己的兴趣和能力，结合市场需求，选择适合自己的职业方向。

职业发展：通过不断学习和实践，提升职业能力及竞争力，实现职业目标。职业发展包括职业技能提升、职业晋升、职业转型等方面。例如，青少年可以通过参加职业培训、继续教育、职业认证等方式，提升职业技能，增强职业竞争力。

②多职业路径：在当今多变的职业环境中，单一的职业路径可能不再适用。多职业路径可以提供更多的选择和机会，增强个体的职业安全感（Arthur & Rousseau, 1996）。具体方法包括：

多元化职业选择：通过多元化职业选择，探索不同领域和岗位的机会。多元化职业选择可以增加职业发展的灵活性和适应性。例如，青少年可以在学业期间尝试不同的兼职工作、实习机会，探索不同职业领域，积累多元化的职业经验。

兼职和自由职业：通过兼职和自由职业，增加收入来源及职业经验。兼职和自由职业可以提供更多的职业选择及灵活性。例如，青少年可以利用课余时间从事兼职工作或自由职业，如家教、写作、设计等，积累职业经验，提升职业技能。

创业和创新：通过创业和创新，创造新的职业机会及发展空间。创业和创新需要承担一定的风险。

第五章

儿童青少年心理健康的促进与保护

一 建立良好的家庭关系

家庭——孩子心灵的港湾。每个人都是一颗独特的种子，需要阳光、水分和肥沃的土壤才能茁壮成长，而家庭是培育种子的第一片沃土，为孩子提供最直接的滋养与支持。一个充满爱的家庭，能让孩子感受到安全与温暖，帮助他们顺利解决成长过程中遇到的诸多困惑与烦恼。在儿童青少年的成长过程中，父母扮演着重要的角色。父母是子女的第一任老师，他们的言行举止、价值观念都会对孩子产生潜移默化的影响。通过家庭教育，儿童青少年能够学习到如何面对挫折、如何与人相处、如何规划人生等重要的生活技能，帮助他们更好地适应社会，从而促进和保护儿童青少年心理健康。

家庭成员之间的关系对儿童青少年的心理、行为影响深远。和睦、温暖的家庭环境可以为儿童青少年提供一个安全、稳定的成长环境，而紧张的家庭关系则容易给孩子的身心发展带来许多负面影响。

（一）影响儿童青少年心理健康的主要家庭关系

（1）夫妻关系

对儿童青少年心理健康的发展有着举足轻重的作用。父母之间稳定、和谐的关系能为孩子提供一个充满爱和温暖的环境，增强孩子的安全感和归属感，也有助于孩子形成健康的人生观和价值观。相反，夫妻关系紧张、家庭矛盾多，则会让孩子感到焦虑、压抑、厌烦。父母之间存在冲突，经常争吵、打架，会给孩子带来一系列的情绪压力，从而影响他们的学业表现、社交能力等。一些子女在经历过父母打架后，出现暴力倾向，脾气变得暴躁，表现出破坏物品、自我伤害等行为。

（2）亲子关系

亲子关系不仅是指父母与孩子之间的血缘联系，它还是一种深层的情感纽带，是孩子最早接触到的社会关系之一。亲子关系的状况，直接影响着儿童青少年的心理健康状况。在良好的亲子关系中，儿童青少年要学会如何与人交流、如何解决冲突、理解他人等。这些技能在孩子步入社会后非常重要，能够帮助他们与人建立和谐的关系。良好的亲子关系也有利于儿童青少年人格的健康发展。在亲子关系中，孩子感受到爱、被接纳与尊重，从而能够培养出自信、独立、乐观等积极的人格特质。父母的支持与理解，能够让儿童青少年拥有积极的自我认知和情感状态，帮助他们更好地应对生活中的挫折与失败，保持健康的心理状态。

（二）积极沟通与情感支持

良好的家庭关系对儿童青少年健康成长至关重要，那么，该如何建立良好的家庭关系呢？

1. 无条件的爱

无条件的爱是一种深沉且广泛的情感。它超越了子女的行为、成就或外貌，仅仅因为他们是自己的孩子而爱他们。这种爱是父母给予孩子最宝贵的礼物之一，对于孩子的成长和发展具有深远的影响。无条件的爱并不意味着对孩子没有要求或期望，不等于溺爱。溺爱是一种过度保护和纵容的爱。在这种情况下，孩子的内心会十分恐慌，行为不被限制，就像是坠入深不见底的大海，找不到边界，充满着不安全感。而无条件的爱意味着父母对孩子的接纳和支持不受任何条件限制，无论孩子的行为如何，父母都始终给予他们爱与鼓励。这种爱让孩子感到安全和被接纳，从而能够更加自信地面对生活中的挑战。

生活中，很多家长向孩子表达的都是有条件的爱，即将爱作为教育孩子的交换条件。例如，许多父母常说：“你不听话，我就不爱你了。”“如果你再这样，我就把你送人了。”“如果你考试考了前十名，我就给你买手机。”这些话语中都充满了条件——父母有意识或无意识地拿自己对孩子的爱作为威胁，强迫孩子按照自己的意愿改变。这种行为，会给孩子灌输一种思想：我只有满足父母所说的条件，才会得到他们的爱。这会让孩子产生随时可能被抛弃的恐惧，不利于安全感的形成。作为父母，要学会正确表达对孩子无条件的爱。

（1）尊重孩子的独立人格

尊重孩子的独立人格是建立健康亲子关系的首要原则。每个孩子都是独立的个体，有自己的想法、兴趣和需求。父母要承认并重视孩子的独特之处，尊重孩子的感受、想法和需求，尊重他们的隐私，不随意窥探或干涉孩子的私人空间。在日常与孩子交流时可以蹲下来，与孩子的视线保持同一水平线，以平等的姿态与孩子交流，让孩子能够感受到父母的尊重，鼓励孩子勇敢地表达自己。

（2）停止威胁

威胁和恐吓可能暂时改变孩子的行为，但会带来长期的负面影响，如恐惧、反感和缺乏安全感。父母要学会停止威胁。教育孩子时，要有意识地避免使用爱与不爱作为威胁，接纳孩子的独一无二，允许孩子出现问题，并相信孩子也在积极学习如何承担自己的责任，解决问题。无论孩子考了满分还是50分都向孩子表达爱，不要将陪孩子去旅游、买手机等条件作为高分的奖励，这样会模糊孩子对于因果关系的判断。

（3）爱需要表达

爱意需要表达出来才能被感受到。父母要把爱意直接表达出来，使孩子确信自己被爱着。父母可以通过语言、肢体、行为等多种方式来表达自己对孩子的爱。经常对孩子说“我爱你”，善用肢体语言，如摸摸头、拍拍肩、给孩子一个大大的拥抱等，都能让他感受到爱意。

（4）发现孩子的闪光点

每个孩子都有独特的优点和潜力，发现并鼓励这些闪光点，可以激发他们的兴趣和热情。提供各种机会让孩子尝试不同的活动，发现他们的兴趣和特长。兴趣的培养有助于孩子找到自己的闪光点，增强自我认同。及时给予积极的反馈和赞扬，让孩子感受到自己的价值。具体的表扬，如“你在数学方面很有天赋”，比笼统的赞美更有效。对孩子的兴趣和爱好给予支持和鼓励，无论是学术、艺术还是体育。父母的支持都是孩子坚持和进步的重要动力。

（5）错误是可以被原谅的

理解错误是成长的一部分，可以营造宽容和信任的家庭氛围，促进孩子的心理健康。接受并正视孩子的错误，对孩子不过度批评或责备。错误是学习和成长的机会，重要的是从中吸取教训。帮助孩子分析错误的原因，并寻找解决方案。鼓励他们在面对困难时积极思考和行动，而不是逃避或自责。父母也应示范宽容和自我原谅，展示如何面对和处理自己的错误。这样的榜样作用有助于孩子形成健康的错误观和心理弹性。

2. 积极有效的沟通

沟通是亲子关系的基础，沟通也是一门艺术，一门学问。大多父母都希望子女能够拥有美好的未来，但是因为沟通不畅，使双方出现分歧，导致各种各样的亲子问题。如子女会说：“父母只在乎我的成绩，根本不在乎我。”而父母则会说：“我这么关心孩子的成绩，都是为了他好，他怎么一点也不理解我的苦心？”出现这种情况，就是因为父母与孩子之间没有建立起有效沟通。良好的沟通和信任是培养孩子心理健康的基础。家长应该重视与孩子建立真诚的交流，倾听他们的需求和困惑，关注子女的感受和想法。下面是建立有效沟通的几点要求。

（1）留出沟通时间

尽量每天留出一段与孩子进行沟通交流的专属时间，互相分享生活中的喜悦和困惑。关注他们生活和学习的情况，注意与孩子主动交流，同时也鼓励孩子与自己交流。例如，孩子回家后，可以问问他“今天开不开心？”“有没有遇到什么有趣或困扰的事？”等。这样能够在孩子遇到问题时尽早地发现和解决，并用实际行动展示出对孩子的关注和支持。

（2）学会倾听

给予孩子充分地倾听和关注，尊重并肯定他们的感受和意见。沟通时，不要打断孩子的话，不要在还没有明白孩子所表达的意思时，就过早地做出判断，急于表达自己的看法，充分了解孩子的想法和需求，再进行交流。

（3）建立信任

让孩子知道可以随时与父母交流，尊重孩子的个人空间和隐私。鼓励他们表达情感，无论是积极的还是消极的。无条件地接纳他们，给予积极的反馈和鼓励，让孩子感到被肯定和支持。保持开放心态，接受孩子不同的观点，避免批评或否定。言传身教，为孩子示范尊重、倾听等良好的沟通技巧。

（4）非暴力沟通

非暴力沟通被称为爱的语言。它倡导在交流过程中，专注于自己和他人的感受及需要，从而减少争辩和对抗，使矛盾就能以非暴力的方式解决。非暴力沟通包括观察、感受、需要、请求 4 个要素。

①观察：不带评论地观察孩子及其行为，并用描述性的语言表达出来。如当看到孩子做错某道题目时，不进行评价说：“你怎么这么笨”，而只客观描述自己看的，“我看到你这道题做错了，我们来分析一下原因”。

②感受：区分想法和感受，确切表达感受可以帮助孩子如实了解父母当下的状态，同时也能够教会孩子清晰表达自己的感受，促进有效沟通。如把“做得不好”改成“没有完成某事，我感到失落、难过”。

③需要：了解是什么需要、期待导致了自己或孩子有这样的感受，找到感受的根源。直观表达需求，可以避免将矛头指向某一方，使注意力转向需求，从而更好地得到孩子的理解。如“我看到你现在还在看电视，有点生气，因为我希望你遵守约定，在晚上 9 点准时关掉电视”。

④请求：清楚地告诉孩子希望他们做什么。避免使用抽象的语言，借助具体的描述提出要求。使用正向的语言表达请求，越具体越好。减少“你必须”“你应该”等命令式的语句以及威胁式的语气，在平等的基础上与孩子交流想法。如将“你不要把房间弄乱”，这样不具体的要求，表述为“你可以在玩完玩具后，把你的玩具整理好，放到箱子里吗？”

3. 营造良好的家庭氛围

温馨、和谐、充满爱的家庭环境，能够让孩子有一个安全和舒适的地方倾诉心声，寻求安慰和支持，增加安全感，也能够让孩子学会爱和被爱，更好地融入社会。父母的言行举止，会在家庭的相处中潜移默化地影响孩子，决定孩子的人格品行。那么，应该如何营造良好的家庭氛围呢？

（1）教育孩子要以身作则

父母应展示诚实、守信和承担责任的行为。例如，按时完成工作、诚实对待错误，并对承诺负责。保持积极乐观的心态，遇到问题时积极寻找解决方案，而不是抱怨或逃避。父母的态度会影响孩子对待生活和困难的方式。

（2）定期组织家庭活动

每周或每月固定一个晚上，所有家庭成员一起玩桌游、拼图或其他互动游戏。这不仅有助于增强家庭凝聚力，还能培养孩子的合作精神和解决问题的能力。组织全家一起去公园散步、骑自行车、野餐或远足。这些活动不仅能让家庭成员享受自然，还能增强身体健康。每年安排一次家庭旅行，无论是短途旅行还是长途度假，都是增进亲情、创造美好回忆的好机会。

（3）父母是孩子坚实的后盾

无论孩子在学校或生活中遇到什么困难，父母都应该表现出理解和支持，而不是责备或批评。例如，当孩子在学校遇到问题时，父母应该倾听他们的烦恼，并一起寻找解决办法。及时肯定孩子的努力和成就，无论大小。例如，孩子完成了一项任务或取得了进步，都应给予鼓励和赞美，让他们感受到自己的价值。通过日常的陪伴和关心，让孩子知道无论发生什么，父母都会在他们身边。例如，晚上陪孩子一起读书、讨论他们的日常生活和感受，都是增进安全感的方式。

建立良好的家庭关系，除了做到以上几点，父母还需要在实际生活中，不断地去思考，根据孩子的特点和心理需求，进行动态调整，不断寻求适合自身情况的途径和方法。

4. 规则、自由与责任心的培养

（1）家庭教养方式的四种类型

家庭教养方式是指父母在抚养、教育子女的活动中常使用的方法和形式，是父母各种教养行为的特征概括，是一种具有相对稳定性的行为风格。“望子成龙，望女成凤”是多数家长的一种普遍心态，但由于家长的社会地位、经济条件、价值观念及教育观念等的不同，使每个家庭的教养方式产生了差异。常见的教养方式大致可分为以下四种：

①专制型：专制型的父母对子女的控制欲较强，对孩子大大小小的行为有着相当严格的要求。他们像警察一样紧盯着孩子的一言一行，不考虑孩子的想

法，很少倾听孩子的心声，要求孩子百依百顺，经常采取批评、打骂、吓唬等简单、粗暴的手段实现对孩子的控制和管教。其后果就是让孩子逆来顺受、畏首畏尾、无所作为，或者让孩子变得粗野，继承了家长的坏习惯，如法炮制，采用粗暴的方式解决问题。

②溺爱型：溺爱型的家长非常关注孩子的想法和需求，但缺乏控制。这类父母通常会过度参与子女的生活，在孩子的成长过程中充当着消防员的角色，随时准备为孩子解决麻烦，清除他们成长道路上的故障与困难，但是对于孩子自身的行为几乎没有限制与要求。溺爱型的父母最容易培养出让人头疼的“熊孩子”。在这种家庭环境下成长的孩子会更容易冲动，缺乏同理心，在社会交往方面面临更多问题和困扰。

③忽视型：忽视型的父母很少参与孩子的成长过程中。他们往往对孩子漠不关心，像冰块一样没有温度，对孩子既不回应也无控制，与孩子之间缺乏沟通，任由孩子像野草一般生长。孩子在跌跌撞撞中成长，没有任何外界的保护和支持，从而造成他们始终缺乏信任感与安全感，没有办法与他人建立舒适的关系。在这种关系中的孩子常常感觉自己很孤独。他们拥有完全的自由，可以做任何想做的事，也有丰富的想象力，但是所做的事情，从未得到任何的关注与反馈。从而觉得自己做什么事情都不重要，因为无论如何都没有人在乎。因为缺乏关注，导致他们既不信任自己，也不相信别人。为了摆脱自己不值得关爱的感觉，他们会将自己锁进笼子里，尝试不再感受任何东西。

④权威型：权威型的父母是严格但慈爱的。他们既积极地回应孩子的各种需求，又引导孩子明白规则与界限，鼓励孩子有限度地独立。这种方式最有可能在父母与孩子之间建立有效的连接。这种家庭的孩子通常会比较独立自信，也懂得为自己的行为负责。

当然，教养方式并不能生搬硬套，需要结合实际情况进行调整，并不存在绝对完美的教养方式，每个人都会有自己独特的成长体验。成长的道路上，需要孩子与父母一同参与，彼此合作，共同进步。

（2）建立规则意识

在家庭教育中，规则意识的建立非常重要。没有规矩，不成方圆。人类是社会性的动物，需要遵守社会规则，信守承诺，约束自我，敬畏未知，明白何可为何不可为。有良好习惯和规则意识的孩子，在社会生活中有更多的优势，能够坚持自我，不会因他人的看法而盲目地改变自己，认可自己的存在，坚信努力的价值。那么，家长该如何给孩子建立规则呢？

①让孩子参与建立规则：建立规则时，一定要让孩子一起参与建立。很多家庭的规则都是由家长单独制定，比如，家长会规定孩子只能玩一个小时的电子产品，今天要做什么，明天不能做什么，所有的规则都是家长说了算。这体现了亲子关系的不平等，家长将规则强加给孩子，当孩子做不到时，就会想要违反规则。但如果规则是家长与孩子共同商讨制定的，那么，孩子会觉得“这个规则是我自己定的，我应该遵守”。这样孩子就能够较好地遵守规则，家长也能通过规则更好地管理孩子。好的规则一定是由双方共同制定的，只有双方平等地坐下来讨论，规则才能真正地发挥它的作用，否则再多再好的规则都只是摆设。

家长要给孩子有限的选择权，既引导孩子应该做什么，又给孩子选择的空间，从而让他们感觉这虽然是需要面对和遵守的规则，但是自己选择决定遵守的。比如每天看电视的时间是多长，在什么时间段可以看。自己决定做事情的顺序，先洗澡还是先做作业。每天的惯例，几点起床，几点睡觉，等等。家长要给孩子自主决定的权利，这样也有利于孩子自主性的培养，让孩子在成年后能够独立决策，并坚定自己的选择。

②家长要拥有足够的耐心：刚开始建立好规则的时候，孩子一般很开心，能够坚持几天。然而，几天后，甚至第二天这个规则在孩子心中就已经荡然无存了。这是非常正常的现象，家长要明白孩子规则意识的培养本就是一个日积月累的过程，要适当降低心理期待，有足够的耐心，温柔而坚定地一遍，一遍，又一遍地将规则重复给孩子。当然，家长也可以主动尝试一些方法，让规则更能被孩子记住。例如，可以把规则写下来，贴在家里的角落，将规则写在显眼的小黑板上，都能起到重复规则的作用。此外，家长可以结合孩子的情况，发动想象力，用别出心裁的方法给孩子做规则的引导和重复，让孩子能够有效地记住并遵守规则。

③家长和孩子都是规则的执行者：家长作为孩子的榜样，更要自觉遵守规则，说到做到，信守承诺。如果做不到，就不要轻易承诺，对于不确定的事，

应该说明“我不确定是否能做到，但我会尽力而为”。很多时候，因为家长的种种顾虑，如不忍心，太费时费力，而自己打破了制定的规则。比如规定了吃饭时间是 15 分钟，15 分钟后，家长要把盘子收走。孩子没有好好吃饭，一直在左看右看，到了 15 分钟还没有吃完饭。这时很多家长看孩子还没吃完饭，怕他们晚上会饿肚子，就不会把盘子收走，只是催促快点，继续让孩子吃饭。这个时候，家长自己没有去遵守规则，孩子一看，原来这个规则打破了也没事，那么他以后也就不会遵守规则了。所以，家长一定要自己首先遵守制定的规则，严格执行，其次，才能在孩子面前树立威信。

孩子往往都会通过不同方式去试探家长对待规则的态度，试探规则是仅仅针对他，还是每个家庭成员都要遵守。当他发现，规则是有弹性的，家长并没有严格执行规定时，他还需要遵守规则吗？反正没有在 15 分钟内吃完饭，爸爸妈妈也会让他继续吃。看电视超过 30 分钟，只要哭一哭，爸爸妈妈就会让他继续看。不收拾玩具也行，爸爸妈妈会收拾的。这样规则就失去了它应有的约束力，只是一纸空谈。

家长建立规则是希望孩子养成健康的生活习惯，更重要的是，每个人都需要明白规则，以便融入社会生活，孩子也不例外。但是，规则并不是开始就能够得到有效的执行，孩子在执行的过程中，经常会破坏规则。当孩子破坏了规则，应该怎么办呢？

首先，家长要严格遵守规则，比如规定 15 分钟的吃饭时间，过了 15 分钟，家长就要严格执行规定，将盘子收走。其次，父母在这个时候不要过多指责，只是用自己的行动去遵守我们制定的规则，让孩子认识到规则的本质是方便事物更好更高效地运行。惩罚是在规则范围内执行的，如果 15 分钟没有吃完饭，就不能再继续吃饭，这本身就是对孩子的警示，千万不可再进一步惩罚孩子。比如对孩子说：“不好好吃饭，待会就别玩玩具了。”

这样孩子真的会听话吗？其实不会。如果因为不好好吃饭，剥夺了孩子玩玩具的权利，就可能带来这样的影响：因为吃饭和玩玩具之间并不存在因果关系，“不许玩玩具”是家长对孩子施加的额外惩罚，如果没有兑现惩罚，那么孩子就更加不会把家长的话放在心上。但是，如果家长兑现了自己的话，那么也只是让孩子害怕家长的权威，而非学会了遵守规则。惩罚会让孩子更关注别人的看法，讨好他人，而非更关注自己的意愿，这将影响孩子心智的独立发展。孩子所学习到的不是遵守规则，约束自己，而是察言观色，同时这也会让孩子感觉处于孤独之中，缺乏对家长的信任，不会向家长寻求帮助。

良好的规则意识，有益于儿童青少年的健康成长，是家庭教育中必不可少的重要环节。但是，在制定规则时，家长要注意保证规则的可执行性和可靠性，制定的规则要有意义，要符合孩子现阶段的身心发展状况。此外，家长要让孩子明确感受到家长是很爱他的，家长的爱与规则的遵守无关。然后让孩子了解规则的意义，规则只是让人更好地适应环境，更有效地利用时间。

（3）自由与责任感

孩子的成长需要一个既充满自由又有责任感的环境。让孩子感受到自由，能够使孩子独立思考、自主决策，促进他们的成长和探索精神。而责任感是指孩子对自己及其行为负责，对他人和社会负责，是成为一个独立、自主的人的基础。如何在充分尊重孩子个性和自由的同时，培养他们的责任感，是家长常面临的一个挑战。

①明确界定责任和自由的边界：与孩子一起制定家庭规则和责任清单，明确哪些行为是可以接受的，哪些是不可以接受的。这有助于孩子理解他们的自由和责任范围。规则一旦制定，应保持一致执行，并向孩子解释规则背后的原因和重要性，确保他们明白这些界定的意义。告诉他们可以享有自由，如发展兴趣爱好、选择朋友、探索世界等。

②给孩子适当的自由，允许孩子自主选择：自由是孩子成长过程中所必备的因素之一，给儿童青少年适当的自由，可以让他们探索自己的兴趣爱好和能力，增强他们的自我意识和独立性。同时，只有孩子感到自由，认为自己被尊重和理解时，他们才更愿意接受家长的指导和建议，从而更好地发展责任感。家长要尊重孩子的个性。为孩子提供多样的选择，信任孩子，允许他们尝试新事物。家长作为孩子的后盾，应给予他们鼓励与支持，而不过分干涉和指责孩子，让孩子有机会自主选择自己的生活及学习方式。在日常生活中，给孩子提供选择的机会，如选择穿什么衣服、吃什么早餐、做什么课外活动等。这能帮助他们感受到自己的自主权和重要性。根据孩子的年龄和能力，逐步增加他们的自由度，让他们在安全的范围内进行自主决策。

③从小事做起，培养独立生活的能力：孩子责任感的培养，要从他们的生活细节入手。让孩子从小参与家庭的日常事务，如整理房间、做简单的家务、管理自己的学习时间等。这有助于培养他们的责任感和自我管理能力。根据孩子的成长情况，逐步增加他们的责任，让他们从小事做起，逐步学会独立生活。在培养孩子的责任感时，不仅要让他们承担家务，还要让他们理解背后的意义。家务不仅是简单的活动，还是对家庭和他人负责的表现。在分配家务时，可以适当地向孩子解释每项家务的意义，比如告诉孩子："扫地不仅是让家里变得整洁，还是在帮助家庭减轻负担，让家长有更多的时间做其他事情。"通过这样的解释，能够让孩子获得成就感，意识到自己的责任和对家庭的重要性，愿意主动地承担家务。

④鼓励孩子参与决策和计划：在日常生活中，家长应鼓励孩子自己做出决策，尤其是在涉及他们自身事务时。让孩子参与决策过程，提出自己的意见和建议，不仅能够锻炼他们的决策能力，还能培养他们的责任感，同时让他们感受到被尊重和重视。从小事做起，比如让孩子自己选择穿什么衣服、吃什么食物等。这些小决定可以帮助他们建立初步的自主意识。随着孩子年龄的增长，家长可以逐渐放手，让他们在更大的事情上做出决策，比如选择课外活动、安排学习计划等。这种做法有助于孩子学会在选择与后果之间做出平衡，在实践中不断提高自我管理能力。此外，在制定家庭规则时，让孩子参与其中，并教育他们为制定的规则负责。这不仅能培养他们的责任感，还能让他们体会到自身意见的价值。通过这种方式，孩子不仅能学会如何自主决策，还能在过程中感受到家庭的支持和尊重，从而更自信地面对生活中的各种挑战。

⑤培养孩子的自我管理能力：家长应该教孩子如何合理安排时间，平衡学习、娱乐和休息，培养他们的时间管理能力。帮助孩子设定短期和长期目标，并指导他们制订实现目标的步骤与计划。家长要引导孩子处理自己的负面情绪，用积极的态度面对生活中的挑战。同时，教育孩子解决自己的问题和独立思考非常重要，这有助于培养他们的自我意识、自控力、自信心，为他们未来的独立生活和工作打下坚实的基础。

⑥让孩子自主探索和学习：为孩子提供探索和学习的机会及资源，如书籍、科技工具、兴趣班等，鼓励他们自主学习和探索。尊重孩子的兴趣和选择，支

持他们在自己感兴趣的领域进行深入学习及探索。

⑦让孩子接受失败和承担后果：教孩子正视失败，将其视为学习和成长的一部分，鼓励他们从失败中吸取教训。让孩子了解行为的后果，并学会承担责任。比如，未完成作业导致成绩下降，教他们如何改进和补救。

家长要教育孩子学会自我控制和管理，并给予孩子足够的信任和自由去探索世界及学习知识。同时，提高理性思考和决策能力，明确自己的责任，对自己的选择与行为负责，不断实现积极的自我成长。

发挥学校与社区的作用

（一）学校的作用

近年来，儿童青少年的心理健康问题得到社会的广泛关注。在这个阶段，儿童青少年面临着身体发育、心理变化、学业压力、人际关系等多重挑战。学校是儿童青少年能力发展的重要场所。教师不仅是知识的传播者，还是引导学生建立积极心态、发展各项能力的关键人物。同时，学校是儿童青少年接触社会、建立人际关系的主阵地。因此，教师和学校管理者需要密切关注学生的心理健康状况，采取各项干预措施，保护和促进儿童青少年心理健康。

1. 心理健康教育课程的引入

学校通过引入心理健康教育课程，为儿童和青少年的心理健康提供坚实的支持和保障。通过全面的课程内容和有效的实施策略，学校不仅能够帮助学生提升心理素质，还能为他们的全面发展奠定良好的基础。那么，什么是心理健康教育课程，学校又该如何选择和开展心理健康教育课程呢?

心理健康教育课程是一种系统的教育计划：旨在提高学生的心理健康素质和应对能力，帮助他们在学业、社交和情感等方面实现全面发展。该课程通过教授心理健康知识、技能、策略，增强学生的自我意识、自控力及社会适应能力，为他们的整体健康和幸福奠定基础。

心理健康教育课程是预防性的课程：心理健康教育课程以促进学生心理健康水平提升为目标，预防儿童青少年心理健康问题，帮助他们顺利渡过心理发展的各种危机是该课程开设的主要目的。

心理健康教育课程是一种团体心理辅导：心理健康教育课程以班级为单位展开，有目的、有计划、有步骤地培养训练学生，以提高学生的各种心理品质，发展学生人际交往能力。

心理健康教育课程以活动为主：心理健康教育课程不同于传统学科，它以多样化的活动为课程主体，注重课程与社会生活的联系，强调学生的主动性。学生在活动中学习，使自身能力得到培养，获得心理发展。

心理健康教育课程以学生为中心：心理健康教育课程的内容不是以心理学的理论知识体系为主，而是以学生学习生活中的心理发展需求为导向，它的出发点和落脚点都是学生。心理健康教育课程的目的不是以讲授心理学的知识概念为主，而是以树立心理健康意识、普及心理健康常识、学习并运用心理健康调适方法，以增强自身心理健康水平为主要目的。

心理健康教育课程内容的选择要具有针对性，要符合儿童青少年心理发展的需要，要求教师对儿童青少年的生理心理特点有清晰的认识，选择与学生的学习生活实际联系最密切的话题，找到他们最渴望得到解决的心理困惑和问题。在小学阶段，一、二年级学生主要存在适应问题，他们还没有养成良好的规则习惯，自理能力相对薄弱。而小学中高年级阶段，学生遇到的人际交往问题往往逐渐增多。初中阶段，学生面临情绪管理、人际交流、网络使用、学业问题。到了八九年级面临中考，学业问题就较为突出。高中阶段，学生普遍问题是学业焦虑、自我认知、人际交往、性意识困扰等，这些问题常常交织在一起，互相影响。将这些问题进行一个小的分类，可以总结出心理健康教育的主要内容应该包括：

学习心理教育：学习心理教育旨在帮助学生掌握有效的学习方法和技巧，增强他们的学业表现及心理健康。培养学生的学习兴趣和内在动机，帮助他们找到学习的意义与乐趣。教授有效的学习策略，如时间管理、笔记技巧和复习方法，提高学习效率。提供应对考试焦虑和压力的技巧，帮助学生保持平和心态。

自我意识教育：自我意识教育帮助学生认识自我，理解自己的情绪、性格和价值观，增强自我认同及自尊心。引导学生了解自己的优点和缺点，增强自我接纳与自我肯定。帮助学生识别和表达自己的情绪，学会与他人分享感受。

探索个人价值观和信仰，帮助学生树立积极的人生观。

自我管理教育：自我管理教育培养学生的自我控制和管理能力，帮助他们在日常生活中更好地应对各种挑战。教导学生如何设定现实可行的目标，并制订实现目标的计划。提供有效的时间管理方法，帮助学生合理安排学习和生活。教授应对压力和焦虑的技巧，如深呼吸、冥想、运动。

人际交往教育：人际交往教育旨在提升学生的社交技能和人际关系处理能力，帮助他们建立健康的人际关系。教授有效的沟通技巧，如倾听、表达和反馈，促进良好的人际交流。提供解决冲突的方法和策略，帮助学生处理人际关系中的矛盾及争端。培养学生的合作意识和团队精神，增强集体归属感。

性心理教育：性心理教育帮助学生正确认识性心理发展和性行为，增强自我保护意识及健康观念。提供有关性发育、性行为和生殖健康的基本知识，消除误解。教授性安全知识和自我保护技巧，预防性侵害及性传播疾病。

2. 如何有效开展心理健康教育课程

心理健康教育课既不同于一般的学科课程，也不是简单的班级主题活动，那么心理课应该怎么上呢？要有效开展心理健康教育，应注意以下几点：

活动的设计：精心设计的活动是心理健康教育课程成功的基础。活动应当多样化、有趣且富有意义，能够吸引学生的兴趣和参与。设计互动性强的活动，如角色扮演、情景模拟和小组讨论。这些活动可以让学生在实践中体验和学习心理健康知识。将学习内容与学生的日常生活和实际情境相结合，使他们能够理解及运用所学知识。例如，模拟考试场景，教学生如何应对考试焦虑。设计多样化的活动形式，包括游戏、工作坊、讲座和项目活动等，多种形式相结合，以满足不同学生的学习风格及兴趣。

注重体验与分享：体验与分享是心理健康教育的重要环节，通过亲身体验及交流分享，学生能够更深刻地理解和内化所学内容。通过活动让学生亲身体验各种情感，例如，通过艺术创作表达情感、通过身体活动释放压力。这样的体验能让学生更好地理解和管理自己的情绪。鼓励学生在小组内分享他们的体验和感受，通过倾听、交流，学生可以学到不同的观点及应对策略。在每个活动后，设置反思和总结环节，让学生思考自己的收获及进步。这不仅有助于巩固所学知识，还能增强学生的自我意识。利用真实或虚构的案例进行讨论，让学生分析问题、提出解决方案，并从中学习应对策略和方法。

重视方法迁移：方法迁移是指学生能够将心理健康教育中学到的方法和技巧应用到日常生活中。在课堂上，可以教授学生一些简单且有效的心理调节技巧，如深呼吸、正念练习和时间管理等。这些技巧易于学习及应用，能够帮助学生在日常生活中应对压力和情绪。设置实际应用练习，让学生在真实情境中练习所学技巧。例如，在学校中实际应用时间管理方法，记录和反思自己的时间安排。课程结束后，教师应继续提供支持和指导，帮助学生在日常生活中运用所学知识。可以通过定期的跟进活动和反馈机制，确保学生能够持续受益。

3. 教师心理健康教育能力的培养

加强师资队伍建设是有效加强儿童青少年心理健康教育的重要举措之一。教师是儿童青少年学习的榜样，是重要的教育力量，他们对学生的影响深远。然而，目前教师在心理健康教育方面的专业知识和能力还存在诸多不足。为了提高教师的心理健康教育能力，学校应加强对教师的培养。

丰富教师心理健康教育培训内容：提供系统的专业培训是提升教师心理健康教育能力的基础。培训应包括理论知识、实用技能和教学策略。

定期进修与专业认证：定期参加心理健康教育相关的进修课程和工作坊，了解最新的研究成果及教学方法。保持专业知识的更新和技能的提升。鼓励教师取得相关专业认证，如心理辅导证书或心理健康教育资格证书。这些认证能够提升教师的专业水平和职业认同感。

学术交流：参加心理健康教育的学术会议和研讨会，与同行交流经验、学习成果，借鉴他人的教学经验及创新做法。

专业人才引进：学校可以引进更多专业背景和经验丰富的心理健康教育从业人员。通过与这些专业人士的合作，教师可以获取更多前沿资讯和专业支持，不断提升自身的教育能力及素养。

4. 营造良好的校园环境

营造良好的校园环境对于学生的学习和心理健康至关重要。通过制定相关的规章制度、加强对学生的监护和管理、开展丰富多样的校园活动以及注重校园文化的建设，学校可以创建一个安全、支持和积极的学习环境。

（1）制定清晰的行为规范和校规。涵盖学生的行为、学习纪律和安全事项等，确保所有学生了解并遵守这些规定。制定公平、公正的纪律措施，处理违反规章制度的行为，确保学生理解规则的重要性和后果。制定详细的安全预案，涵盖火灾、地震等突发事件的应对措施，定期进行安全演练，确保师生在紧急情况下能够迅速反应。

（2）加强对学生的监护和管理。包括课堂管理、课间监护和课外活动监督，确保学生在校期间始终处于监护之下。提供专业的心理辅导服务，设置专职心理辅导老师，及时帮助有心理困扰的学生。加强与家长的沟通与合作，定期召开家长会和家访活动，共同关注和促进学生的发展。做好安全教育和防范工作，确保学生的人身安全及心理安全。

（3）开展丰富多样的校园活动。这些活动能够增强学生的归属感和参与感，促进身心健康发展。如组织各类学术竞赛、科学展览和读书会等，激发学生的学习兴趣及学术热情；开展各种体育比赛和健身活动，如篮球赛、足球赛和长跑等活动，增强学生的体质及团队合作精神；组织音乐会、戏剧表演和美术展览等活动，培养学生的艺术修养及创造力。

（4）注重校园文化的建设。校园文化是学校的灵魂，通过建设积极向上的校园文化，营造良好的育人环境。利用校报、校刊、校园广播等媒介，宣传正能量，弘扬优秀的校园文化和价值观；建设文化长廊、主题教室和校园雕塑等，营造浓厚的文化氛围，让学生在潜移默化中受到熏陶；开展主题教育活动，如道德教育、法治教育和传统文化教育，增强学生的文化认同及社会责任感。

5. 家校合作的开展

家庭与学校是孩子成长最重要的两个场所，家长与教师是孩子成长中最重要的关键人。对于学生而言，家庭、学校在很大程度上影响着孩子的身心发展。家校合作在青少年心理健康教育中具有重要的意义和必要性。

（1）为什么要家校合作

①促进学生全面发展。家校合作可以更全面地支持学生的学业和心理健康发展。家庭和学校分别在学生的成长中扮演着不同的角色。家庭提供情感支持和价值观教育，而学校提供知识传授及社交环境。通过家校合作，学生可以在这两种环境中获得更全面的支持，有利于他们的学业进步和心理健康。通过家

校合作，教师可以更好地了解学生在家庭中的表现和习惯，从而制订更有针对性的教育计划。家长也能了解学生在学校的表现，及时给予鼓励和辅导，共同促进学生的全面发展。

②提高教育效果。家校合作能够提高教育效果，形成教育合力，最大化发挥学生的学习和成长潜力。通过家校合作，家长与教师可以就教育理念和方法达成共识，避免出现教育方式上的冲突。统一的教育理念和方法，有助于形成合力，增强教育的效果。家长与教师可以通过定期沟通，及时了解学生的学习和生活状况，发现并解决潜在问题。及时的反馈和沟通，有助于采取有效措施，避免问题积累，保障学生的健康成长。

（2）如何开展家校合作

①积极沟通。家长与教师要经常交流沟通。建立家校之间的有效沟通渠道，是家校合作的基础。教师通过家长会、电话、电子邮件或家校沟通平台等多种方式，保持定期的交流，及时了解学生的学习和生活状况。鼓励家长与教师双方分享关于学生的反馈和建议，共同探讨改进措施，形成合力支持学生的成长。

②积极参与家长会和学校亲子活动。学校可以定期举办开放日活动，邀请家长参观学校环境和课堂教学，增进家长对学校教育工作的了解及信任。家长应积极参加学校组织的家长会，了解学校的教育理念、教学计划和学生的表现，并与教师面对面交流，讨论学生的成长及教育问题。学校应组织丰富多样的亲子活动，如亲子运动会、亲子阅读、志愿服务等，增强家庭成员之间的情感联系，同时让家长更深入了解学生在学校的表现和需求。

③制订明确的家庭教育计划和规则。家长应根据学生的个性特点和发展需求，制订明确的家庭教育计划，包括学习时间安排、兴趣培养及行为规范等。制定明确的家庭规则，帮助学生养成良好的生活习惯和学习态度，如按时作息、完成家庭作业、参加家务劳动等。规则的制定应征求学生的意见，让他们理解并自觉遵守。

④通过多种方式和途径参与青少年心理健康教育。家长应主动学习心理健康知识，了解常见的心理问题及应对方法，可以通过参加讲座、阅读相关书籍和网上资源等途径获取知识。积极参与学校组织的心理健康讲座和活动，如心理健康教育工作坊、家长培训班等，与学校共同关注和支持学生的心理健康发

展。在家庭中营造关爱和理解的氛围，鼓励学生表达自己的感受及想法，及时发现和应对他们的心理困扰。必要时，可以寻求专业心理咨询师的帮助。

（二）社区活动的作用

人与社会密不可分。在与他人互动的过程中，个体通过感知他人的反应与评价，逐渐建立起自我意识和自我形象，同时也学会了与他人交往的技能。社区是儿童青少年日常活动和接触社会的主要场所，作为他们生活中的小型社会，社区成为他们走向社会的入口。在这里，儿童青少年能够接触到家庭和学校中缺少的复杂情况，从而大幅提升他们的社交能力及解决问题的能力，社区在儿童青少年的心理健康发展中起着至关重要的作用。

社区活动是社区工作开展的重要方式之一。那么，参加社区活动对孩子有哪些帮助呢？

（1）增强孩子的社会交往能力。社区活动可以帮助孩子与他人互动和交往，这是培养孩子社会交往能力的好机会。通过与不同的人交往，孩子可以学习到尊重他人，倾听他人的意见，与他人分享等社交技能。这些技能能够帮助孩子更好地融入社会，对于儿童青少年的健康成长至关重要。

（2）培养孩子的兴趣爱好。社区活动可以让孩子尝试各种不同的活动，从中发现自己的兴趣，例如，音乐、绘画、手工艺制作等，从而挖掘自己的潜能和爱好。这些兴趣爱好，不仅可以丰富孩子的生活，还可以培养孩子的创造力和想象力。

（3）提高自信心。通过参加社区活动，孩子可以体验到成功的喜悦，收获成就感，获得自信心。这不仅可以帮助孩子更好地应对生活中的各种挑战，还可以为孩子未来的成长和发展打下坚实的基础。

（4）培养责任感。社区活动可以让孩子了解自己在社会中的角色和责任，并培养孩子的责任感。例如，参加志愿者活动，可以让孩子体验到帮助别人的快乐，让他们懂得尊重、关心他人，并主动承担起属于自己的社会责任。

（5）提高团队协作能力。在社区活动中，孩子需要与他人共同合作完成任务或解决问题。这可以帮助他们提高团队协作的能力。通过与他人合作还能让儿童青少年学会如何与团队成员进行有效的沟通，并学会如何为团队作出贡献，培养他们的团队精神。

（6）增强问题解决能力。社区活动中，经常会出现各种各样需要解决的问题，儿童青少年通过不断思考与探索，尝试不同方案以解决问题。这可以使儿童青少年学会如何独立解决问题，提高他们问题解决的能力，以及思维能力和创造力。

三 寻求专业帮助

孩子的健康成长是每个家长的最大期望。身体上的问题，例如，感冒或磕碰，父母总能第一时间察觉并处理。然而，孩子心灵上的“感冒”却往往被忽视。作为家长，应像关心躯体健康一样关心孩子的心理健康，这对他们的全面成长至关重要。当发现孩子出现心理问题时，父母应理性接受，并积极寻求心理治疗师和医生的帮助，像对待躯体疾病一样，及时干预和治疗。

1. 儿童青少年心理问题的识别

儿童青少年心理问题的识别非常重要。人的心理和行为正常与异常是相对而言的。绝对的健康和正常很难做到，每个人都存在或多或少的心理问题。当然，即使是有心理障碍的人，他们的心理活动也不全都是异常的。判断一个人的心理是否异常、异常的程度如何等，目前还没有完全统一的标准。在进行区分时，常用的方式是把某人的心理状态和行为表现放到当前的客观环境、社会文化背景中加以考虑，与他本人一贯的状态加以比较，从而判断有无心理异常。

判断一个人是否有心理问题，特别是判断一个人是否有某种心理障碍或精神病，需要专业人员，如精神科医生等，运用心理学和精神病学的理论，根据严格的诊断标准，按照严格的程序诊断。心理问题或心理疾病需要“早发现，早治疗”，这样治疗的效果才能够更好。虽然家长不能对心理问题做出准确的判断，但家长可以做好“辅助”工作，多关注孩子的日常心理状态和行为表现，及时发现异常并帮助孩子。当孩子出现心理问题时，往往会表现出一些明显的症状，如下所示：

（1）生理方面

不想吃饭，暴饮暴食，或者吃完饭后又吐；入睡困难（超过 30 分钟无法入睡），容易惊醒，早醒；出现不明原因的躯体疼痛等。

（2）情绪方面

表现出过度或反常的情绪反应，如在悲伤的情境下突然大笑；情绪出现明显变化，如由活泼开朗变得多愁善感；经常悲观、情绪低落、焦虑、烦躁、易怒等。

（3）行为方面

出现反常的、无法控制的行为，如做鬼脸、反复洗手等；出现刻板行为，如一直在房间里转圈等；出现自伤、攻击行为等。

（4）学业变化

成绩明显下降，在课堂上，注意力无法集中，注意能力明显下降；经常迟到、请假、早退；对考试极度恐惧等。

（5）人际关系方面

没有朋友，不愿意与他人交往，与同伴关系出现明显变化；在社交场合，手足无措，脸红心跳等。

一般来讲，孩子出现情绪问题两周以上，老师、家长就要正视孩子存在心理问题的可能性，严重时要及时寻求专业帮助。

2. 如何应对孩子的心理问题

（1）耐心倾听，主动交流

当孩子表达他们的感受和困惑时，家长应耐心倾听，给予他们充分的关注。主动与孩子交流，创造一个开放、无压力的环境，让孩子感到自己被理解和重视。如果孩子表现出抗拒，不愿意沟通，那么家长也应该尊重孩子的意愿。有时家长的劝说对孩子并没有作用，甚至可能起到反作用。比起给予建议和评价，给予孩子陪伴、倾听、尊重、接纳等更为重要。

（2）有效支持

很多心理健康问题可能需要长期的支持和治疗。家长应在情感上给予孩子支持，帮助他们理解和处理自己的情绪。通过鼓励和肯定，让孩子感受到家庭的温暖及安全感。尽可能做到多陪伴，多关心，给予孩子全方位的关注和支持。

（3）寻求专业帮助

家长可以引导孩子跟心理老师交流自己的情况，请求学校心理老师的帮助。当发现孩子的心理问题超出自身能力范围时，家长应毫不犹豫地寻求专业帮助。咨询心理治疗师或医生，获取专业的指导和治疗方案，确保孩子得到及时有效的帮助。

3. 儿童心理干预的常见方法

（1）游戏治疗

当说到游戏治疗，很多家长会有疑问：“孩子在家也玩游戏呀，换个地方玩有什么不一样呢？”“玩个游戏真的能治好孩子吗？”所以，游戏治疗到底是什么？它又为什么能够起到治疗作用呢？

① 什么是游戏治疗：游戏治疗是一种主要针对儿童的心理治疗方法，它通过结合游戏的形式来矫正儿童心理行为异常，以达到治疗目的。治疗师为儿童提供经过选择的游戏材料，促进安全关系的发展、演变，引导儿童借由游戏这一自然的沟通媒介，达到表达和探索自我的目标。成年人的心理治疗常采用谈话的方式进行，因为成年人有一定的思维认知能力，他们能够清晰地表达自己的想法和感受。然而，儿童缺乏相应的能力，并不能准确地用语言表达自己的想法，儿童需要一个媒介帮助他们表达。而游戏是儿童的天性，在游戏中，儿童可以发泄他们愉快或不愉快的情绪，象征性地满足他们的愿望，同时也可以发挥儿童的想象力，表现其创造性。因而，游戏及玩具成为儿童身心健康维护和治疗的有效辅助手段。在游戏治疗中，玩具就是儿童的词汇，游戏就是儿童的语言。游戏治疗为孩子们提供了一个安全、自由的环境，让他们可以在没有压力的情况下探索和表达内心世界。

② 游戏治疗与一般游戏的区别：日常中的游戏，是由孩子主动发起的。孩子享受游戏的过程，不追求目的，也不受时间的限制。而游戏治疗是有意识、有目的、有时间限制的。专业的治疗师会利用各种游戏，如角色游戏、表演游戏等与儿童进行互动。这些游戏和活动不只是为了娱乐，治疗师会根据孩子的需求和情况，量身定制游戏计划，确保游戏能够有针对性地促进其心理成长和调适。

③ 常见的游戏治疗：

角色游戏：是儿童通过扮演角色，通过模仿、想象，创造性地反映现实生活的一种游戏。例如，过家家：儿童分别扮演爸爸、妈妈、宝宝等，游戏过程中，儿童会想出很多成人的事来模仿，如买菜、烧饭、招待客人等。从儿童的模仿中，治疗师可以了解儿童生活体验，找到问题根源。

表演游戏：儿童按照童话或故事中的情节扮演某一角色，用对话、独白、动作、表情等进行表演，再现文学作品的内容的一种游戏形式。角色游戏主要来源于孩子的社会生活经验，表演游戏主要来源于故事，包括文学作品和孩子根据自己的经历和想象创编的故事。

叙事游戏：通过相互说故事的过程，教导孩子用更积极、正向的方式来面对问题。基本的形式是让孩子先说一个自编的故事，在听完之后，维持原故事的架构，但更改中间过程及结尾的内容，使故事朝向更圆满的解决方式。

沙盘游戏：儿童借助水、沙子和沙具，完成一个沙盘作品，通过对沙盘创作过程的分享，调节情绪，减轻压力，发现问题，同时找到解决问题的方式与方法。

随着对游戏治疗的研究与发展，越来越多的游戏被运用到游戏治疗中，但不管通过以什么游戏为媒介，游戏治疗的目的都是了解孩子的情绪、内心的需求与欲望，从而引导孩子用合适的方式来表达情绪，促进儿童自我发展，帮助他们建立良好的人际关系。

（2）艺术疗法

① 什么是艺术疗法：艺术治疗是以多种艺术形式，如以绘画、音乐、舞蹈等为媒介进行心理咨询与治疗的方法。艺术疗法将心理学与艺术融合，认为通过创造性过程处理压力、创伤和痛苦是有帮助的，从而可以进行治疗。很多时候，儿童的情绪不能通过语言表达出来。而艺术疗法则让儿童通过绘画、音乐、舞蹈动作等非语言的创造性的表达方式来展现自己的情绪，传达心理需求，探索个人的问题和潜能，进行内心力量建设，从而促进儿童青少年心理健康。对儿童青少年而言，用图片或绘画来表达自己的感觉比言语表达更舒适和放松。与传统的心理治疗相比，艺术疗法可以帮助儿童青少年更加信任他们的治疗师，更加开放地表达儿童的内心世界。

②艺术疗法的四大核心要素：

艺术咨询室：艺术咨询室是一个隔离、包容、安全的空间。在这个空间中，来访者可以暂时从混乱的情感和生活中解脱出来，进行思考和艺术创作。

创作的素材：根据不同的治疗形式，需要准备不同的艺术创作材料。如绘画治疗需要准备不同硬度颜色的笔，不同尺寸的纸张等。

创作的作品：来访者在艺术创作后得到的作品，它是来访者与治疗师交流的媒介。作品是来访者内心世界的折射，当来访者欣赏自己的作品时，会得到一些体验和感悟。

咨询关系：艺术治疗中存在四种互动形式，分别为来访者与作品互动、咨询师与作品互动、来访者通过作品和咨询师交流、来访者跟咨询师直接交流。

③ 常见的艺术疗法

绘画疗法：以绘画为媒介，通过绘画呈现出潜意识中压抑的内容，并在绘画的过程中达到宣泄情绪的目的，从而改善情绪，修复创伤。

音乐治疗：利用音乐体验的各种形式，以及治疗过程中建立起来的治疗关系，帮助来访者达到健康目的。

舞蹈疗法：运用舞蹈或动作这种非言语的象征方式表达潜意识的内容，通过对动作的分析察觉潜在问题，对自己产生新的理解，解决心理问题。

心理剧疗法：以戏剧的形式，诱发来访者自发行为，通过表演宣泄情绪，解决心理问题。

（3）家庭治疗

一个人的童年经历，特别是他的原生家庭，对其人格的发展有着长期、深远的影响。家庭环境对孩子的心理健康至关重要。当孩子出现各种心理问题时，也反映了他所在的家庭出现了问题。如今，对家庭系统开展工作越来越成为儿童青少年心理健康服务的主流，家庭治疗成为儿童青少年心理治疗的有效手段。

① 什么是家庭治疗：家庭治疗是一种心理治疗形式，旨在帮助家庭成员改善沟通、解决冲突和增强家庭关系。通过专业的治疗师与整个家庭或一部分家庭成员的合作，家庭治疗可以促进家庭系统的整体健康。家庭治疗基于系统理论，认为家庭是一个相互依赖的系统，任何一位成员的问题都可能影响整个家庭。治疗师通过了解和干预家庭动态，帮助恢复家庭的平衡。治疗师帮助家庭成员学习有效的沟通技巧，以更好地表达自己的需求和感受，理解他人的观点，减少误解和冲突。通过家庭治疗，家庭成员可以学会识别和解决内部冲突，找

到有效的解决方案，增强家庭的凝聚力和合作能力。治疗过程提供一个安全的环境，让家庭成员表达情感，释放压力，获得情感支持，增强家庭的情感联系。此外，家庭治疗帮助家庭成员明确各自的角色和责任，建立健康的界限，防止角色混淆和界限不清导致的问题。它适用于各种家庭问题，包括婚姻危机、亲子关系问题、家庭成员的心理健康问题（如抑郁症、焦虑症）、行为问题等。通过家庭治疗，家庭可以共同努力，找到解决问题的方法，促进整体的心理健康和幸福感。

② 家庭治疗对儿童青少年心理健康的意义：家庭作为儿童青少年成长的主要环境，其内在成员的互动模式、情感氛围及成员的角色定位等，都在潜移默化地影响着儿童青少年的心理发展。家庭治疗作为心理治疗的一个重要方法，在保护和促进儿童青少年心理健康中发挥着重要的作用。

近年来，家庭治疗受到了心理学界越来越多的关注。通过家庭治疗，可以帮助家庭建立更加健康有效的互动模式，缓解家庭内部潜在的冲突和压力，增进家庭成员之间的情感，增强家庭成员之间的联系和支持，从根本上解决儿童青少年所面临的心理健康问题，为他们创造一个更有利于身心健康成长的环境。

③ 为什么要选择家庭治疗：很多家长在接受家庭治疗时会有这样的疑惑“明明是孩子出了问题，我为什么要一起接受治疗呢？”尽管从表面上看是孩子出现了问题，但是通过仔细观察，就会发现孩子的个人问题只是外显的表现，真正的症结是其背后的家庭关系问题。一个五年级的小男孩因为厌学问题由父母带到医院进行咨询，经过交谈发现孩子的父母近期因为婚姻矛盾经常在家中爆发争吵，孩子整天担心父母因此离婚，焦虑不安，无心学习，从而出现了厌学问题。从这个案例中，可以发现孩子所表现出的问题，其实是源于家庭里的人际关系问题。因此，要通过家庭治疗，才能从根本上解决孩子所出现的心理问题，促进其心理健康。家长的用心参与，对于缓解或解决孩子的心理问题，促进孩子健康成长至关重要。

④ 哪些情况适合家庭治疗：

家庭环境不良。如果家庭中存在长期的紧张、冲突或不和谐，导致家庭成员的心理健康受到影响，家庭治疗可以帮助改善家庭氛围，恢复和谐关系。

家庭功能不全。当家庭无法正常运作，例如，父母之间的沟通不畅、家庭成员间缺乏支持和理解，或者家庭成员有无法解决的重大冲突，家庭治疗可以帮助重建家庭功能，提高家庭的整体运作能力。

父母对子女的教育方式不当。如果父母在教育子女时存在不当的方式，如过度严厉、溺爱、缺乏一致性或忽视子女的需求，家庭治疗可以帮助父母了解问题并改进教育方式，促进子女的健康成长。

亲子关系紧张。当亲子关系紧张、沟通不畅或存在严重冲突时，会导致孩子产生心理和行为问题。家庭治疗可以帮助改善亲子关系，促进双方的理解和信任，增强亲子间的情感联系，建立互信和良好的互动模式。

总之，如果儿童存在心理和行为问题，并且这些问题与家庭环境、家庭功能、父母教育方式或亲子关系有关，那么家庭治疗可能是一个非常有效的治疗方法。

（4）认知行为治疗

①什么是认知行为治疗：认知行为治疗认为个体的认知、情绪和行为之间存在着相互关系。通过帮助儿童青少年识别和改变负面思维，可以解决他们的情绪问题，并培养儿童青少年问题解决的技能，保护和促进儿童青少年心理健康。认知行为治疗在儿童青少年心理治疗中的广泛应用且效果显著。

②认知行为治疗常用的技术与方法：

情绪调节：认知行为治疗常采用深呼吸、渐进性肌肉放松等方法，帮助儿童青少年冷静下来并应对情感波动。

认知重构：认知重构是认知行为治疗的核心技术之一。通过帮助儿童青少年识别和改变他们的负面思维模式，并提供更积极、合理的替代思维，以减轻焦虑和抑郁等。

行为技能训练：认知行为治疗教授儿童青少年各种行为技能，如沟通技能、解决问题的技巧等。通过情景模拟等方式，儿童青少年能够学会应对相应的问题和情境。

暴露疗法：对于儿童可能存在的焦虑和恐惧症状，认知行为治疗通常采用暴露疗法，通过逐渐让儿童面对他们害怕的事物或情境，帮助他们逐渐适应并减轻焦虑。

③认知行为疗法的适用范围：如今，认知行为治疗已被广泛用于治疗各种儿童青少年心理健康问题，如广泛性焦虑障碍、社交焦虑障碍、抑郁症以及各种儿童行为问题等。

（5）团体治疗

①什么是团体心理治疗：团体心理治疗是一种心理治疗形式，由多个个体在一个安全的环境中，在专业治疗师的指导下，共同参与和分享彼此的经验及感受。通过这种方式，参与者可以获得情感支持、提高自我认知、学习新技能并改善人际关系。团体心理治疗由一名到两名专业的心理治疗师带领，为团体成员提供一个安全的环境，让团体成员围绕一个或多个共同关心的主题，通过集体交流、分享和支持，帮助团体成员改善心理健康，以更好地适应当下的生活。团体是社会的缩影，是一个微型的社会，在现实人际关系中的种种模式，都能够在这里得到重现。在团体里，团体成员通过挖掘内心深处真实的自己，了解到过往发生的一切是如何影响自己的，从而更加理解自己，促进个人心理成长。

②团体心理治疗有效的原因：美国著名的心理治疗师欧文·亚隆将团体治疗中治疗性的改变归纳为 11 种“疗效因子”：

灌输希望：看到其他成员的积极变化和进步，成员会增强自己的希望感与信心，相信自己也能够实现改变及成长。

普遍性：在团体小组中来访者会发现自己并不孤单，了解到他人也有类似的问题与感受，从而减少孤立感和孤独感。这一点仅靠治疗师是难以达到的，是团体治疗的魅力之一。

传达信息：治疗师或其他成员对困扰问题所提供的忠告、建议或直接指导等，都能起到心理咨询和教育的功能。团体提供了一个学习和获取新信息的机会，成员可以从治疗师与其他成员那里获得有用的知识及建议。

利他主义：在团体中帮助他人的过程中，成员感受到自己的价值及意义，从而提高自尊心和满足感，发现自己对别人很重要，因此获得成就感。

矫正原生家庭：团体治疗环境可以模仿家庭关系，成员通过在团体中体验和处理过去的家庭问题，获得新的洞察与成长。大多数成员都带着从家庭中所感受到的一些不满意的经历和不良的沟通关系。并通过治疗可以替代掉这些不良的经验和关系，从而使问题得到纠正。

发展社交技巧：在团体中，通过观察和模仿其他成员的行为和处理方式，成员可以学到新的应对策略及社会技能。在与他人的互动中，掌握社会交往的技巧。

行为模仿：在团体中，治疗师与其他成员的积极行为和态度可以作为榜样，促进成员模仿并用于自己的生活中。团体成员也可以通过模仿，一点一滴地学习他人的行为，继而放弃自己不恰当的行为。

人际学习：成员在团体中通过互动和反馈，增强自我意识，学习如何更好地理解及处理人际关系。此外，通过其他团体成员的反馈，同伴的赞同和认可，成员能够认识到，原来自己并不像想象中那么差，从而增强自信心。

团体凝聚力：团体的支持和归属感让成员感受到接纳与理解，增强信任及安全感，从而促进治疗效果。

情绪宣泄：在团体中，成员可以自由表达压抑的情感和想法，通过情感释放获得心理上的解脱及轻松。

存在性因素：团体治疗帮助成员面对人生的基本问题与现实，如孤独、死亡和责任等，从而促进个人的心理成熟及成长。成员开始接纳和接受各种可能性及限制。同时，成员会开始明白无论与别人多亲近，自己仍需要独自面对人生，自己仍需要为自己的生活方式负起责任。

(2)儿童青少年可以在团体治疗中能学到什么：

积极参与：团体治疗通过巧妙的组织和引导，帮助儿童青少年更好地参与治疗过程。他们能够在团体中学会积极投入，主动参与讨论和活动，增强自信心及参与感。

勇敢表达情感：团体治疗可以为儿童青少年提供一个安全、支持的环境。在安全、支持的环境中，练习表达自己的情感和想法，增强情感表达的能力及自信心。

互助体验：通过互相帮助与支持，体验到助人为乐的满足感，同时也感受到来自他人的关爱和理解，培养同理心及合作精神。团体这样的互助关系能够帮助儿童青少年更好地理解自己，同时从他人的经验中汲取力量。

提升人际交往技能：通过与团体成员的互动，儿童青少年学习如何建立和维持友谊，提高沟通技巧，学会合作、分享及解决冲突。

（6）正念疗法

①正念疗法：正念疗法是一种基于佛教思想和心理学原理的心理治疗方法。正念疗法的核心是将注意力集中在当下，对当下所呈现的所有观念不作评价，培养一种对此时此地的觉知力，保持开放和接纳的态度，从而减轻痛苦及提高生活质量。这种方法强调将注意力集中在当前的体验上，而不是过分关注过去或未来，以减少负面情绪和压力。

②正念减压疗法：正念减压疗法是正念疗法的一种。它起源于 1979 年，由美国麻省理工学院的卡巴金博士创立。卡巴金博士在麻省大学医学院开设减压诊所，并设计了正念减压疗法，以协助病人通过正念禅修处理压力、疼痛和疾病。该方法最初是为了缓解压力而设计的严格、标准的团体训练课程。正念减压疗法的基本技术包括：

静坐冥想：静坐冥想是正念训练最核心、最基本的技术。在练习中，练习者要有意地、不加评判地观察呼吸时腹部的起伏，观察身体的感觉，注意周围的声音。

身体扫描：练习者闭上眼睛，按照从头到脚或从脚到头的顺序，逐个扫描、觉知各个身体部位的感受，将注意力从思维转移到对身体的觉知上，使身体各部位被自己更好地关注、照顾，从而放松身心。

行禅：行禅是一种在行走之中进行的正念训练。练习者将注意力放在脚底与地面接触的感受上，注意行走过程中脚的动作，关注脚部、腿部的各种感受。

正念瑜伽：正念瑜伽将正念训练与瑜伽融合。练习中，不追求瑜伽动作的完美，而是强调过程中的体验与躯体拉伸的感觉。

③正念疗法对儿童青少年的好处：

情绪调节：正念疗法能够帮助孩子们学会识别和命名他们的情绪（例如，“我感到生气”或“我感到悲伤”）。通过正念呼吸和冥想练习，孩子们学会如何在情绪高涨时平静自己，从而更好地调节情绪反应。

注意力和专注力：正念练习，如正念呼吸和正念步行，帮助孩子们提高对当前任务的注意力，不易分心。改进注意力和专注力，使孩子们在课堂上更专注，提升学习效率和学术成绩。

压力应对：通过正念冥想和放松练习，孩子们学会如何在面临压力时保持冷静，减少压力引发的焦虑和紧张。培养孩子们对自身压力的识别能力，帮助他们及时采取应对措施。

自我意识：正念练习促进自我反思，帮助孩子们更清晰地认识自己的思维和行为模式。增强自我理解，帮助孩子们接受自己的优点和不足，提高自尊心和自信心。

冲动控制：正念疗法能够教孩子们在冲动行为前暂停，给予自己时间反思和选择更适当的反应。通过正念呼吸和冥想，孩子们学会在冲动情绪下保持冷静，从而减少冲动行为。

同理心和人际关系：正念练习可以培养孩子们的同理心，使他们更能理解和尊重他人的感受。通过正念练习，孩子们学会更有效的沟通，减少误解及冲突，增进友谊和家庭关系。

自我接纳：正念练习可以帮助孩子们减少对自己的苛刻批评，增强自我接纳和自信心。培养孩子积极的心态，帮助孩子们以更积极和建设性的方式面对挑战和失败。

参考文献

[1] 姚树桥，杨彦春 . 医学心理学：第 6 版 [M]. 北京：人民卫生出版社，2018.

[2] 迪伦 · 埃文斯 . 拉康精神分析介绍性辞典 [M]. 李新雨，译 . 重庆：西南师范大学出版社，2021.

[3] 肖恩 · 霍默 . 导读拉康 [M]. 李新雨，译 . 重庆：重庆大学出版社，2014.

[4] 王润晨曦，张涛，陈劲骁 . 镜子、父亲、女人与疯子拉康的精神分析世界 [M]. 北京：北京联合出版公司，2023.

[5] 雅克 · 拉康 . 镜子阶段作为“我”的功能之构成者 [M]. 李新雨，译 . 2016.

[6] 张春兴 . 教育心理学——三化取向的理论与实践 [M]. 杭州：浙江教育出版社，1998.

[7] 黄慧奇 . 维果茨基的心理发展观及其指导意义 [J]. 鸡西大学学报，2008,(02): 86–87.

[8] 斯腾 . 婴幼儿的人际世界——精神分析与发展心理学视角 [M]. 上海：华东师范大学出版社，2017.

[9] 戴维 · 谢弗 . 社会性与人格发展：第 5 版 [M]. 陈会昌，等，译 . 北京：人民邮电出版社，2012.

[10] 郭建鹏，王仕超，刘公园 . 学业压力如何影响大学生心理健康问题——学业自我效能感和压力应对方式的联合调节作用 [J]. 中国高教研究，2023,(5), 25–31.

[11] 李逢战，王紫微，施旺红. 高考压力的分析与应对[J]. 科教导刊，2017,(2Z): 175–176.

[12] 倪晓莉，邵潇怡. 青少年网络社交媒体使用对主观幸福感的影响——自尊联结自我同一性的序列中介路径[J]. 兰州大学学报（社会科学版），2019, 47（1）: 122–133.

[13] 姜永志，白晓丽. 青少年社交媒体使用与幸福感的关系——多重中介作用[J]. 中国药物依赖性杂志，2023, 32（1）: 61–64.

[14] 李泳汉，常俊杰，袁梦园，等. 青少年网络欺凌研究进展[J]. 中国学校卫生，2021, 42（11）: 1751–1756.

[15] 王玉香，王彦颖. 青少年网络欺凌的特征及归因[J]. 中国青年社会科学，2021, 40（2）: 70–78.

[16] 从恩朝，陈海莹，王韵，等. 青少年焦虑情绪与父母教养方式的关联研究[J]. 中国儿童保健杂志，2022, 30（8）: 900–903.

[17] 陈韦莹. 青少年特发性脊柱侧凸患者身体意象与社交外表焦虑的关系：自尊和负面评价恐惧的链式中介作用[D]. 安徽医科大学，2022.

[18] 黄璞月. 青少年负面身体自我、完美主义与自我价值感的关系研究[D]. 广西师范大学，2018.

[19] 荆春霞，王声湧，刘国宁，等. 家庭关系及教育方式对青少年健康的影响[J]. 疾病控制杂志，2005,(1): 72–73.

[20] 陆曼遥，陈慧，杨智辉. 父母冲突与青少年心理健康的关系：家庭复原力和心理安全感的链式中介作用[J]. 中国临床心理学杂志，2024, 32（2）: 457–462.

[21] 胡义秋，曾子豪，彭丽仪，等. 亲子关系和父母教育卷入对青少年抑郁、自伤和自杀意念的影响：挫败感和人生意义感的作用[J]. 心理学报，2023, 55（1），129–141.

[22] 卡尔·R. 罗杰斯. 个人形成论：我的心理治疗观[M]. 杨广学，等，译. 北京：中国人民大学出版社，2004.

[23] 格桑泽仁，张倩，刘杰. 家庭关系与青少年心理健康关系研究现状及调控措施[J]. 现代预防医学，2008,(7): 1314–1315.

［24］马歇尔·卢森堡 . 非暴力沟通［M］. 阮胤华，译 . 北京：华夏出版社，2018.

［25］李宝丽 . 青少年心理健康成长的家庭影响及促进对策［J］. 中国教育学刊，2020,（S1）: 12–13.

［26］唐甜，王雨，巩芳颖，等 . 家庭教养方式与中国青少年积极发展的关系：系列元分析［J］. 心理科学进展，2024, 1–18.

［27］简·尼尔森 . 正面管教——如何不惩罚、不娇纵地有效管教孩子［M］. 玉冰，译 . 北京：京华出版社，2009.

［28］马帅帅，宋杨肖，孙莹 . 以学校为基础的儿童青少年心理健康促进干预研究进展［J］. 中国学校卫生，2022, 43（5）: 685–689.

［29］胡永萍 . 学校心理健康教育［M］. 广州：中山大学出版社，2005.

［30］陆超祥，何向琴，陈志刚，等 . 家校协同教育模式对青少年心理健康问题的干预研究［J］. 心理月刊，2023, 18（8）: 47–50，59.

［31］王敬忠 . 学校、家庭、社区心理健康教育的整合［J］. 江苏教育研究，2002,（19）: 58–59.

［32］李宏喜 . 浅析如何构建以学校、家庭、社区为主体的三位一体青少年心理健康教育模式［J］. 教育界，2020,（38）: 22–23.

［33］彼得·布莱克 . 儿童青少年心理治疗［M］. 译者不详 . 北京：化学工业出版社，2024.

［34］蔡丹，沈勇强 . 游戏治疗［M］. 上海：上海教育出版社，2019.

［35］迈克尔·尼克尔斯，肖恩·戴维斯 . 家庭治疗：第 11 版［M］. 方晓义，译 . 北京：北京师范大学出版社，2018.

［36］大卫·韦斯特布鲁克，海伦·肯纳利，琼·柯克 . 认知行为疗法：技术与应用［M］. 方双虎，等，译 . 北京：中国人民大学出版社，2014.

［37］欧文·D. 亚隆，默林·莱兹克兹 . 团体心理治疗：理论与实践：第 6 版［M］. 蒋娟，李鸣，译 . 北京：中国轻工业出版社，2022.

［38］American Psychiatric Association. Diagnostic and Statistical Manual of Mental Disorders［M］. 5th ed. Arlington, VA: American Psychiatric Publishing, 2013.

［39］Castellanos F X，Proal E. Large-scale Brain Systems in ADHD: Beyond the

Prefrontal-striatal Model [J]. Trends in Cognitive Sciences, 2012, 16 (1): 17–26.

[40] Faraone S. V, Larsson H. Genetics of Attention Deficit Hyperactivity Disorder [J]. Molecular Psychiatry, 2019, 24 (4): 562–575.

[41] Banerjee T D, Middleton F, Faraone S V. Environmental Risk Factors for Attention-deficit Hyperactivity Disorder [J]. Acta Paediatrica, 2007, 96 (9): 1269–1274.

[42] Arthur M B, Rousseau D M. The Boundaryless Career: A New Employment Principle for a New Organizational Era [M]. Oxford University Press, 1996.

[43] Cohen S, Wills T. A. Stress, Social Support, and the Buffering Hypothesis [J]. Psychological Bulletin, 1985, 98 (2): 310.

[44] Doran G T. There's a S.M.A.R.T. Way to Write Management's Goals and Objectives [J]. Management Review, 1981, 70 (11): 35–36.

[45] Folkman S, Lazarus R S. An Analysis of Coping in a Middle-aged Community Sample [J]. Journal of Health and Social Behavior, 1980, 21 (3): 219–239.

[46] Greenhaus J H , Callanan G A, Godshalk V M. Career Management [M]. Sage Publications, 2009.

[47] Gross J J. Emotion Regulation: Affective, Cognitive, and Social Consequences [J]. Psychophysiology, 2002, 39 (3): 281–291.

[48] Hirshkowitz M, Whiton K, Albert S M, et al. National Sleep Foundation's Sleep Time Duration Recommendations: Methodology and Results Summary [J]. Sleep Health, 2015, 1 (1): 40–43.

[49] Illeris K. Towards a Contemporary and Comprehensive Theory of Learning [J]. International Journal of Lifelong Education, 2003, 22 (4): 396–406.

[50] Kabat Zinn J. Full Catastrophe Living: Using the Wisdom of Your Body and Mind to Face Stress, Pain, and Illness [M]. New York: Delta, 1990.

[51] Kubler Ross E. On Death and Dying [M]. New York: Macmillan, 1969.

[52] Locke E A, Latham G P. Building a Practically Useful Theory of Goal Setting and Task Motivation: A 35-year odyssey [J]. American Psychologist, 2002, 57 (9):

705–717.

[53] Masten A S. Ordinary magic: Resilience Processes in Development [J]. American Psychologist, 2001, 56 (3): 227–238.

[54] Merriam S B, Caffarella R S. Learning in Adulthood: A Comprehensive Guide [M]. San Francisco: Jossey–Bass, 1999.

[55] Seligman M E. Learned Optimism: How to Change Your Mind and Your Life [M]. New York: Knopf, 1991.

[56] Stuckey H L, Nobel J. The connection Between Art, Healing and Public Health: A Review of Current Literature [J]. American Journal of Public Health, 2010, 100 (2): 254–263.

[57] Warburton D E, Nicol C W, Bredin S S. Health Benefits of Physical Activity: the Evidence [J]. CMAJ, 2006, 174 (6): 801–809.

[58] WHO. Global Strategy on Diet, Physical Activity and Health [M]. Geneva: World Health Organization, 2004.

后　记

心理健康是一个复杂而多维的概念，它关乎个体的情绪、认知、行为以及社会关系等多个层面。儿童青少年处于快速发展与变化之中，他们更容易受到外界环境的影响，也更容易遭遇心理困扰。然而，正是这些挑战与困难，构成了他们成长道路上不可或缺的一部分，促使他们学会坚韧、自我认知与自我疗愈。

心理健康的维护与促进是一个长期而持续的过程，需要家庭、学校、社会以及个体自身的共同努力。希望这本书能够成为一个起点，激发更多家长对于儿童青少年心理健康的关注与行动，共同为儿童青少年营造一个更加健康、和谐、支持性的成长环境。

最后，感谢所有为这本书付出努力与支持的人，愿本书能成为广大家长教育孩子过程中的一盏明灯，照亮更多家庭前行的道路，帮助父母、引领孩子走向更加光明与美好的未来。